AI時代の
働き方と法

2035年の労働法を考える

 大内伸哉
Shinya Ouchi

はしがき

　人工的なものは嫌いだ（「人工甘味料は美味しくない」）。デジタルも好きになれない（「時計にはやっぱり針がほしい」）。そんな自然志向でアナログ人間の私も，毎日，人工衛星から来るデジタル放送でテレビをみている。現代社会では，「人工」からも「デジタル」からも逃れることは容易でない。

　人工知能（AI）の発達に労働法学も向き合わなければならないと最初に明確に意識したのは，新井紀子著の『コンピュータが仕事を奪う』（日本経済新聞出版社）とエリック・ブリニョルフソンほか著の『機械との競争』（日経BP社）を，たまたま連続して読んだときからだ。雇用がなくなっていく時代の労働法をどう構想していくか。これが，この二冊の本を読んだあとに，私に突きつけられた課題だった。「AIが雇用を奪えば，私たち労働法屋の仕事もなくなりそうじゃないか。よし，この挑戦，受けて立ってやろう」。ということで，私はAIが完全に日常に溶け込んでいるはずの2035年の労働法がどのようなものになっているかを構想するという研究計画を立てることとした。

　労働法にかぎらず，法学全体をみても，AIの問題を正面から論じている人はまだほとんどいない。ただ，世間が法学研究者に求めるのは，AIの発達が，現存の法制度の下でどのような摩擦を引き起こすか，そのときに法制度を改正すべきか，改正するとすればどのようにか，という実務的な論点に関するものだ。実は，こうした論点は研究者にとってそれほど食指の動くテーマではない。興味をかきたてられるのは，むしろ理論的な課題だ。AIが私たちの社会に深く

浸透している時代（これを「AI時代」と呼ぶことにしよう）は，ICT（情報通信技術）が高度に発達し，人間と同等あるいはそれ以上の知能をもつ人工物であるAIが社会の構成員として人間と共存している。そこではおそらく新たな社会関係が生まれており，それを規律する法も，その体系から根本的に組み替える必要が生じているだろう。その新たな法体系の構築に立ち向かうことこそ，研究者のやるべき仕事だ。

労働法でいうと，まず俎上に載るのは従属労働論だ。実はこれまでの私の研究関心のかなりの部分を占めてきたのが労働者概念だった。労働法が適用される労働者とは，どこまでの範囲をさすのか。人々がAIやICTを活用しながら，より自由に働くようになる社会が到来するなかで，労働法の対象となるのは従属労働者だけでよいのか。むしろ，発想を180度変えて，自営業者（非従属労働者）にこそ，労働法の適用を考えるべきではないのか。こうして私の長年の研究関心の流れとAI時代到来の流れが一つになった。

「2035年の労働法」というテーマでの執筆は，2年前くらいから弘文堂の清水千香さんとの間で話題に出ていた。当初は，この構想はまだ手探り状態だったが，その後に新たに立ち上がった弘文堂のHP「弘文堂スクエア」に寄稿する機会をいただき，まずはエッセイでということで，「絶望と希望の労働革命」の連載を始めた。本書の前半の章は，そのときのエッセイの一部を基礎としている。

その間，私をとりまく環境も変わってきた。まず，2015年にNIRA（現在のNIRA総研）の，AIに関する研究プロジェクトに参加し，そこでご一緒することになった東京大学の柳川範之氏（NIRA理事，東京大学教授）と前記の新井紀子氏（国立情報学研究所教授）との議論から多くの刺激を受けた。政府関係では，厚生労働省の「働

き方の未来2035～一人ひとりが輝くために」という懇談会に参加する機会を得て，この公開の懇談会で，自営的就労への政策的対応の必要性を主張できたことは，私が再びこのテーマで問題意識を鮮明化する良いきっかけとなった。さらに内閣府の「人工知能と人間社会に関する懇談会」，総務省の「AIネットワーク化検討会議」，三菱UFJリサーチ＆コンサルティング「IoT・ビッグデータ・AI等が雇用・労働に与える影響に関する研究会」(厚生労働省から委託研究)に参加する機会を得て，AI，ロボティクス，ICTをめぐる現在の最先端の議論状況を知ることもできた。

こうして，労働法を専門としない人(とくに理系の研究者や実務家)との間でも対話をする機会をもつなか，AI時代の働き方や労働法に関心をもつ人が想像以上に多いことを実感するようになった。10年後，20年後に仕事がなくなる，ということを話題にした実務書はたくさん出ているが，労働法や雇用政策についてきちんと論じたものは，私が知るかぎり存在していない。

本書は，こうした問題意識から誕生した。

たしかに将来のことはよくわからない。しかし，わからないからといって放置してよいわけでもない。2035年の問題は，いまの問題でもある。いまから始めなければ手遅れになる可能性も大きい。本書は，労働法がどのように生まれ，どのように展開し，現状はどのようなものであるかを確認したうえで，これからの労働法がどうなるかを予想し，いま取り組むべき政策課題を世に問うたものである。本書をきっかけに，AI時代の働き方と労働法のあり方についての議論が深まれば，これにまさる喜びはない。

AIは，愛であり，アモーレだ。このテーマは，まずは「アモーレと労働法」を標榜する私が書くしかない。こんな勝手な思いに駆ら

れた私の挑戦を,「姉」のようにサポートしてくれた清水さんに感謝の言葉を捧げたい。清水さんの仕事が AI に奪われるときが,できるだけ遅くなることを祈りながら。

　2016 年 11 月

大内　伸哉

＊本書の第 4 章から第 7 章は,科研費（基盤研究(c)）「雇用流動化政策の下での新たな労働市場法制とセーフティネットの構築」の助成を受けた成果の一部である。

AI 時代の働き方と法●CONTENTS

はしがき　i

プロローグ……1

第1章　技術革新と日本型雇用システム……5
1. 技術は脅威？……5
   コラム 欧州の職務給(6)
2. 歴史の教訓？……8
3. 日本型雇用システムの適応力……10
   コラム 家事労働と女性の解放(13)
4. ME 革命と IT 革命……14
5. 受難のホワイトカラー……17
6. 小括……22
   コラム 奴隷の解放と復活(23)

   補論　雇用の支援・代替・創出効果……24

第2章　第4次産業革命と労働政策上の課題……28
1. 労働力人口の減少……28
2. グローバル化……31
3. 産業構造の変化―第4次産業革命……32
4. 人工知能の発達……36
   (1) 人工知能とは何か　36
   (2) 機械学習　37
   (3) 特徴量　40
   (4) ディープ・ラーニング　40
   コラム AlphaGo が強い理由(41)
   (5) 人工知能の雇用へのインパクト　42
   (6) 人工知能の未来　43

    5 産業界の構造転換と労働政策……45
    6 小括……50

第3章　労働法とは何か……52
    1 労働法の誕生……52
       (1) 第1次産業革命と労働法　52
       (2) 市民革命と労働法　54
       補論　労働法のもう一つの系譜……55
       コラム　労働と契約（57）
    2 従属労働論……58
       (1) 従属労働論とは何か？　58
       (2) 従属労働論の展開　59
    3 日本の労働立法……60
       コラム　公務員法は労働法ではない？（61）
       補論　労働法学の課題……63
    4 日本の労働法の展開過程の分析……64
       (1) 基本的な立法の整備　64
       (2) 解雇制限と労働法　65
       (3) 従属労働論から雇用政策へ　67
       (4) 従属労働論の拡大　68
       (5) 従属労働論の変容？　71
    5 小括……72
    補論　日本国憲法と労働法……74

第4章　正社員論―第2の労働法……76
    1 正社員はなぜ存在するのか？……76
    2 正社員を軸とする企業人事……77
    3 正社員制度を補完する労働契約法理……84
       (1) 正社員の特権　84
       (2) 解雇法理　85

補論　解雇権濫用法理の拡張……86
　　(3) 配転法理　87
　　(4) 賃金引下げに関する法理　90
　　(5) 企業別組合　92
　4　非正社員はなぜ存在するのか？……94
　　(1) 正社員制度の補完としての非正社員制度　94
　　(2) 変わる非正社員制度　96
　　(3) 処遇格差の是正　99
　　コラム　最低賃金法の改正(101)
　　コラム　2014年のパートタイム労働法改正(103)
　　補論　同一労働同一賃金……104
　5　小括……105

第5章　人材移動を実現するための改革
　　　　　―雇用流動化に向けた政策……109

　1　転換期にある労働市場政策……109
　　コラム　セーフティネットとモラルハザード(112)
　2　雇用調整をめぐる問題―解雇法制の見直し……113
　　(1) 技能の陳腐化と解雇　113
　　補論　解雇の有効性判断……116
　　補論　正社員制度を支えるもう一つの仕組み……118
　　(2) 事業組織の再編と雇用保障　120
　　(3) 解雇の金銭解決　122
　　コラム　解雇規制と格差問題(123)
　　補論　ガイドライン方式……128
　3　職業訓練政策……129
　　(1) これまでの職業訓練政策　129
　　(2) 労働市場政策の新たな理念としてのキャリア権　131
　　(3) これからの職業訓練政策　133
　　コラム　産業構造の転換に伴う職業訓練(135)

4　労働市場サービス……136
　　　(1)　公的独占から民間への開放へ　136
　　　(2)　労働者派遣　138
　　コラム　ドイツのハルツ改革(140)
　　5　小括……141

第6章　知的創造的な働き方に向けた改革……144
　　1　知的創造的な働き方と労働時間規制……144
　　　(1)　知的創造的な働き方とは？　144
　　補論　長時間労働の是正……145
　　　(2)　現行の労働時間規制　146
　　　(3)　労働時間規制の弾力化　149
　　　(4)　裁量労働制とその問題点　150
　　　(5)　管理監督者に対する適用除外　152
　　　(6)　労働時間制度改革　154
　　補論　労働安全衛生法上の健康管理……156
　　補論　高度プロフェッショナル制度……158
　　2　場所的・時間的に自由な働き方としてのテレワーク……159
　　　(1)　テレワークとは？　159
　　　(2)　テレワークのもつ可能性　161
　　　(3)　テレワークと労働法　163
　　補論　雇用型テレワークに対する労働法の適用……168
　　3　小括……169

第7章　自営的就労——労働法のニューフロンティア……171
　　1　自営的就労はなぜ増加するのか……171
　　補論　組織と市場……174
　　2　クラウドワーク……175
　　　(1)　クラウドソーシング　175
　　　(2)　クラウドワークをめぐる法的問題　176

3　個人の起業……179
　　　(1)　オンデマンド経済　179
　　　(2)　消費者が生産者に　180
　　　(3)　シェアリング・エコノミー　181
　　補論　副業規制……183
　　4　自営的就労と労働法……185
　　　(1)　自営的就労者と要保護性　185
　　　(2)　自営的就労に対する政策的関与の必要性　187
　　　(3)　自営的就労の契約の適正化　191
　　補論　自営的就労者の事業者性……194
　　　(4)　自営的就労者とキャリア権　195
　　補論　自営的就労とマッチング……197
　　　(5)　自営的就業者のセーフティネット　198
　　　(6)　国民の連帯の基盤　200
　　コラム　知的創造はリアルな会議から(202)
　　5　小括……203

第8章　労働法に未来はあるか？……205
　　1　新たな格差問題……205
　　2　労働法の終焉？……206
　　3　人材育成の重要性……207
　　4　労働法の真の再生，そしてフェイドアウト？……209
　　5　脱労働時代の生活保障……210

エピローグ……213

　参考文献……216
　事項索引……220

プロローグ

　2015年6月20日，ソフトバンクが自社開発したヒト型ロボット「Pepper（ペッパー）」は，初回販売分1千台が1分で完売したそうだ。Pepperは，ヒトの感情を理解したり，自ら感情を表現したりできる，いわゆる感情型ロボット。ロボットが感情をもつのは，幼いころSFとして楽しんでいた鉄腕アトムの世界が，現実になったようなものだ。当初のPepperの本体価格は19万8千円（実際には，これに加えていろいろな出費がある）。これを高いとみるかどうかは見解が分かれようが，庶民にとってどうしても手が届かないほどの価格ではない。

　Pepperには，高度なコミュニケーション能力があり，クラウド上に用意された人工知能（AI）で，膨大かつ複雑な情報処理を行う。

　実際にソフトバンクのショップに行って，Pepperをみたときの人々の反応はさまざまだ。

　悲観派は，ロボットでこれだけのことができるなら，このままでは人間の仕事はなくなってしまうと考える。楽観派は，この程度のレベルなら，人間の仕事を助けてくれることはあっても，それを奪うレベルにまではいかないだろうと考える。

　おそらく国民の多くは，楽観派ではないかと思う。楽観的であることは，人生を前向きに生きていくために必要なことだ（フォックス 2014）。しかし，現実を直視しない楽観主義は危険でもある。ここで必要なのは現実的な楽観主義だ。

　「IT（情報通信技術）の進歩は，指数関数的だ」と言われる。当初は半導体の集積回路に関して言われ，その後，ITに関しても言われ

るようになった「ムーア（Moore）の法則」によると，技術の発展は18カ月から2年で2倍になるそうだ。

2の累乗での発展というイメージは，たとえば，次のように考えてみてほしい。厚さが0.1 mmの紙を折って，約38万km向こうの月に届かせるためには，何回折る必要があるだろうか。数え切れないほどの回数と思えそうだが，42回でよい（折ることができればだが）。2の42乗は，約4兆4000億。これに0.1 mmを掛けると，約44万kmとなる。つまり42回折ったところで，月に届く。

最初は目で追えるが，そのうち想像もつかないところにまで飛躍してしまう。これが，「ムーアの法則」に基づく技術進歩のイメージだ。

ITのインパクトを加速化させたのが前述の人工知能だ。人工知能は，コンピュータに人間と同じような知的活動をさせようとする試みだ。「Artificial Intelligence」（人工知能）という言葉が最初に使われたのは1956年で，それ以来すでに60年の歴史がある。記号処理が中心であった当初の人工知能は，実用化からはほど遠かった。人工知能が近年注目されるようになったのは，2000年以降のコンピュータの急速な性能の向上と，膨大なデータ（ビッグデータ）の収集が可能となったITの発達とが融合してからだ。人工知能は，いまや自身でルールを形成して，ビッグデータを統計的に処理することができる（機械学習）。加えて，最新の脳科学の研究成果を取り入れて，脳内のニューラル・ネットワークをそのまま再現すること（ディープ・ラーニング）ができるようになったことで一挙に実用可能性が高まった。機械が人間の脳内と同じように学習できるようになったからだ。

こうなると，もうその行き着く先は，目で追えなくなる。2011年に，IBM開発のワトソン（Watson）は，アメリカのクイズ番組

「Jeopardy!」で人間のチャンピオンに勝利して一躍有名になった。ワトソンは，いまやアメリカでは質問応答・意思決定支援型のコンピュータとして広く活用されるようになっており，日本企業でも活用するところが増えてきている（顧客応対業務など）。さらに 2016 年 3 月 9 日，グーグル（現アルファベット）系の会社（Google DeepMind）の開発した「AlphaGo（アルファ碁）」が囲碁のトップ棋士に勝った（5 番勝負は，最終的には AlphaGo の 4 勝 1 敗）というニュースは，世界中に衝撃を与えた。専門家の予想より 10 年も早かったからだ。人工知能の進歩のすさまじさは，わかりやすい形で私たちの目の前で示されている。

　一説によると，2045 年には，人工知能が，人間の知能を凌駕する「シンギュラリティ（「singularity」［技術的］特異点）に到達するという議論もある（カーツワイル 2016）。もしほんとうにこれが実現すると，それ以降の知的活動は，すべて人工知能が担うようになるだろう。シンギュラリティの議論は，人工知能の研究者のなかには懐疑的な声も多いが，少なくとも著名な物理学者であるスティーヴン・ホーキング（Steven Hawking）博士ら多くの科学者たちが，人工知能の危険性に警鐘を鳴らしていることは事実だ。

　IT，AI，ロボットといった新しい技術のおかげで，私たちの生活はずいぶん便利になった（たとえば，ウエアラブル端末を装着して，スマートフォンを使って健康管理をするというようなことが，すでに身近で広がっている）。労働の現場でも，新しい技術は深く浸透している。工場では，IT を活用した省力化が進められ，人間は危険な労働から解放されてきた。オフィスの机には PC（パーソナルコンピュータ）が置かれて，作業の効率が格段に向上し，オフィスの外でも携帯端末を活用して，社内と変わらない効率で仕事ができるようになった。

いまやIT抜きでの仕事は考えられない。IT革命は，労働革命でもある。さらに，すべてのものがインターネットでつながるIoT（Internet of Things）の時代が到来し，工場もオフィスもデジタライゼーション（digitalization）が進むと，人々の働き方はいっそう大きく変わるだろう。

しかし，これは労働者に良いことばかりではない。ロボットは人間から肉体労働を奪い，人工知能は知的労働も奪う。人工知能登載のロボット「東ロボくん」は，東大受験こそ断念したものの，偏差値は57.1に達した（2016年11月15日付け日本経済新聞朝刊）。すでに平均的な人間より，人工知能ははるかに賢く，なお進化を続けている。人間は知的労働でも機械と勝負にならなくなってきているのだ。つまり，前記の悲観派にも根拠がある。まさに「指数関数的な進歩」をとげるITやAIによってもたらされた労働革命の行き着く先はどこか。そこにあるのは絶望か，それとも希望か。

第1章

技術革新と日本型雇用システム

1 技術は脅威？

　欧米の企業の労働者は、仕事が忙しいときでも、互いにあまり助け合わない。それは、彼ら彼女らが不親切だからではない。忙しくても、他人に助けを求めないのだ。というのは、助けを求めようものなら、無能だから仕事をこなすことができないと評価されるおそれがあるし、また助けを求められた同僚が、仕事をうまく処理すれば、自分の仕事を奪ってしまうおそれもあるからだ。自分の職分を守るためには、他人に助けを求めないし、他人もそういう意識を共有しているから、安易に手を貸そうとはしない。

　これが職務が限定されている、いわゆる職務型（ジョブ型）の働き方だ。労働者は、特定の職務での労務を遂行するために雇い入れられる（職務に人を配置する）。自分のやるべき仕事の範囲は、ジョブ・ディスクリプション（職務記述書）で明確に定義されている。賃金は、その職務に応じて決まる職務給だ。同じ職種の範囲で技能を向上させると、従事する職務の水準が高くなり賃金も上がる。

　こうした職務型の働き方では、職務の変更は労働者に歓迎されないこととなる。同じ職種のなかでの昇格という垂直的移動はあるが、異なる職種への水平的移動（配転）は基本的には起こらない。水平的移動では、自分のこれまでの技能が使えず、新たな職種ではどうし

ても低い技能でもこなせる職務に従事せざるをえないため、賃金が下がってしまう。

職務型の働き方では、新たな技術の登場も迷惑な話となる。たとえばコンピュータを活用して仕事をすると、生産性を高めることになるが、そうなるとその職務において自分が身につけてきた技能の価値を下げてしまう危険もある。場合によっては、自分の技能そのものが不要になってしまう可能性もある。そうなると解雇の脅威にさらされる。

> **コラム　欧州の職務給**
>
> イタリアの例を紹介しよう。イタリアでは、労働者の基本給は職務給で、産業別の労働協約で定められている。労働協約では、職務は分類して格付けされており、職種ごとに難度が高い職務が高く格付けられ、賃金も高くなる。労働者は特定の職務に従事するために雇い入れられる。原則として採用時の職務とは異なる種類の職務への水平的移動（配転）は本人の同意がないかぎり認められず（*jus variandi*［変更権］の制限）、同じ職種のなかの高い格付け職務への垂直的移動（昇格）のみ認められる。そして、低い格付けの職務に配置すること（降格）は、本人の同意がないかぎり認められなかった。
>
> さすがにこれでは硬直的ということで、ようやく2015年の法改正で、経営組織上の変更があったときには、同じ資格（ブルーカラー、ホワイトカラー、管理職）の範囲内であれば降格を可能とする規制緩和がなされたが、降格後も労働者は賃金の現状維持を求める権利が認められている（イタリアの雇用システムについては、大内2003も参照）。

2013年にOxford大学の研究者（Carl Benedikt Frey and Michael A. Osborne）が発表した論文「THE FUTURE OF EMPLOYMENT : HOW SUSCEPTIBLE ARE JOBS TO COMPUTERISATION?」(「雇用の将来：仕事は，どこまでコンピュータ化されるか」）が，世界中に衝撃を与えたのは，現在の労働者の従事する職務（job）が，どこまでコンピュータで代替されるかについてのランキングを示したからだ。

■ 機械化される可能性が高い職務のトップテン
1 Telemarketers　電話による商品販売員
2 Title Examiners, Abstractors, and Searchers
  不動産記録などの法的文書の調査・要約・探索に従事する者
3 Sewers, Hand　裁縫師
4 Mathematical Technicians　標準的な数式を用いた技術的問題の解決に従事する者
5 Insurance Underwriters　保険業者
6 Watch Repairers　時計修理士
7 Cargo and Freight Agents　貨物取扱人
8 Tax Preparers　税務申告代行者
9 Photographic Process Workers and Processing Machine Operators　写真店
10 New Accounts Clerks　銀行の口座開設担当者

■ 機械化される可能性が低い職務のトップテン
1 Recreational Therapists　レクリエーション療法士
2 First-Line Supervisors of Mechanics, Installers, and Repairers
  整備・設置・修理の作業を行う者の現場監督者
3 Emergency Management Directors　危機管理責任者
4 Mental Health and Substance Abuse Social Workers
  精神衛生薬物乱用ソーシャルワーカー
5 Audiologists　聴覚機能訓練士
6 Occupational Therapists　作業療法士

7　Orthotists and Prosthetists　義肢装具士
8　Healthcare Social Workers　健康管理ソーシャルワーカー
9　Oral and Maxillofacial Surgeons　口腔顎顔面外科
10　First-Line Supervisors of Fire Fighting and Prevention Workers
消防・防災の現場監督者

※前記の論文「雇用の将来」に付された表（Appendix）から作成

　コンピュータによる代替率の高い職務に従事している労働者は，職務型の働き方であれば，首筋が寒くなるだろう。

2　歴史の教訓？

　技術革新が起きたとき，それが労働者にとって味方なのか敵なのかは，常に論争となる。18世紀にイギリスで起こった産業革命（第1次産業革命）により，綿織物業の熟練職人は，はるかに生産性の高い機械が次々と登場することにより仕事を奪われてしまった。

　一方で，産業革命は，休みなく改良されていく工場機械を生産する機械産業，その原料となる製鉄産業，機械を動かすエネルギー産業，工場で大量生産された製品の輸送のための交通産業など，続々と新しい産業を生み出し，そこで多くの雇用を生んだ。このため，トータルでみると，失業者は増加しなかったといわれる。

　産業革命の初期には，新しい技術を敵視した機械打壊し運動（いわゆるラッダイト［Luddite］運動）などが起こった（1811年から1816年ころ）。この運動に対しては，現在の視点からすると，人類に大きな恩恵をもたらした技術革新の意味を理解できず，目先の利益にとらわれた暴挙であるという評価が可能だ。

　ただ個人レベルで考えると，機織りの熟練職人らは，その技能の

価値が低下し、失業の危機に瀕したことは事実だった。首尾よく失業を免れても、新たに就いた仕事は機械のオペレーターとしての単純作業だった。そうした「転落」は社会的に大きな問題となった。ちなみに労働法は、まさにこうした問題に対処するために生まれたものだ（⇒52頁）。

歴史はめぐる。今日のITや人工知能の発達に、同様の危機感を抱いている人は少なくなかろう。コンピュータによる代替率の高い職務に従事していて、首筋が寒い思いをしている労働者たちは、ラッダイト運動のように暴力は使わないにしても、新技術の活用を阻止する社会運動を展開して政治的圧力をかけようとするかもしれない。

ただ歴史の教訓からいえることは、こうした対応は適切でない可能性が高いということだ。技術革新は、人々の生活を豊かにし、かつ雇用も生み出す。そうである以上、人々が新しい雇用にスムーズに移動できるようにすることこそ重要で、新技術の開発や実用化を妨害することは、私たちの子孫から、ラッダイト運動と同様、愚かな近視眼的な行動と評価されることになろう。

産業革命の歴史（繊維産業）

1733年　ジョン・ケイ（John Kay）が「飛び杼」を発明（横糸を通す作業時間を短縮）

1738年　ワイアット（Wyatt）がローラー式紡績機の特許取得

1764年　ハーグリーブス（Hargreaves）がジェニー紡績機を発明（複数の糸を同時に紡ぐことができる）

1769年　アークライト（Arkwright）が水力紡績機を発明

1779年　クロンプトン（Crompton）が、ジェニー紡績機と水力紡績機の長所を取り入れたミュール紡績機を発明

1785年　カートライト（Cartwright）が織機の動作を自動化して、1人で何台もの織機を操作できる力織機を発明

1793年　ホイットニー（Whitney）が、綿繰り機を発明

---

3 日本型雇用システムの適応力

　では日本の労働者も，現在のITや人工知能などの新技術の発達に，同様の危機意識をもっているだろうか。本章1でみたOxford大学の研究者が発表した論文の日本版ともいえるものが，2015年12月2日に，野村総研（NRI）により発表された（「日本の労働人口の49％が人工知能やロボット等で代替可能に/野村総合研究所」）。そこでは，国内601種類の職業について，人工知能やロボット等で代替される可能性が高い職種とそうでない職種があげられている。

■ 人工知能やロボット等による代替可能性が高い100種の職業
（50音順，並びは代替可能性確率とは無関係）

IC生産オペレーター/一般事務員/鋳物工/医療事務員/受付係/AV・通信機器組立・修理工/駅務員/NC研削盤工/NC旋盤工/会計監査係員/加工紙製造工/貸付係事務員/学校事務員/カメラ組立工/機械木工/寄宿舎・寮・マンション管理人/CADオペレーター/給食調理人/教育・研修事務員/行政事務員（国）/行政事務員（県市町村）/銀行窓口係/金属加工・金属製品検査工/金属研磨工/金属材料製造検査工/金属熱処理工/金属プレス工/クリーニング取次店員/計器組立工/警備員/経理事務員/検収・検品係員/検針員/建設作業員/ゴム製品成形工（タイヤ成形を除く）/こん包工/サッシ工/産業廃棄物収集運搬作業員/紙器製造工/自動車組立工/自動車塗装工/出荷・発送係員/じんかい収集作業員/人事係事務員/新聞配達員/診療情報管理士/水産ねり製品製造工/スーパー店員/生産現場事務員/製パン工/製粉工/製本作業員/清涼飲料ルートセールス員/石油精製オペレーター/セメント生産オペレーター/繊維製品検査工/倉庫作業員/惣菜製造工/測量士/宝くじ販売人/タクシー運転者/宅配便配達員/鍛造工/駐車場管理人/通関士/通信販売受付事務員/積卸作業員/データ入力係/電気通信技術者/電算写植オペレーター/電子計算機保守員（IT保守員）/電子部品製造工/電車運転

士/道路パトロール隊員/日用品修理ショップ店員/バイク便配達員/発電員/非破壊検査員/ビル施設管理技術者/ビル清掃員/物品購買事務員/プラスチック製品成形工/プロセス製版オペレーター/ボイラーオペレーター/貿易事務員/包装作業員/保管・管理係員/保険事務員/ホテル客室係/マシニングセンター・オペレーター/ミシン縫製工/めっき工/めん類製造工/郵便外務員/郵便事務員/有料道路料金収受員/レジ係/列車清掃員/レンタカー営業所員/路線バス運転者

■ 人工知能やロボット等による代替可能性が低い100種の職業

(50音順，並びは代替可能性確率とは無関係)

アートディレクター/アウトドアインストラクター/アナウンサー/アロマセラピスト/犬訓練士/医療ソーシャルワーカー/インテリアコーディネーター/インテリアデザイナー/映画カメラマン/映画監督/エコノミスト/音楽教室講師/学芸員/学校カウンセラー/観光バスガイド/教育カウンセラー/クラシック演奏家/グラフィックデザイナー/ケアマネージャー/経営コンサルタント/芸能マネージャー/ゲームクリエーター/外科医/言語聴覚士/工業デザイナー/広告ディレクター/国際協力専門家/コピーライター/作業療法士/作詞家/作曲家/雑誌編集者/産業カウンセラー/産婦人科医/歯科医師/児童厚生員/シナリオライター/社会学研究者/社会教育主事/社会福祉施設介護職員/社会福祉施設指導員/獣医師/柔道整復師/ジュエリーデザイナー/小学校教員/商業カメラマン/小児科医/商品開発部員/助産師/心理学研究者/人類学者/スタイリスト/スポーツインストラクター/スポーツライター/声楽家/精神科医/ソムリエ/大学・短期大学教員/中学校教員/中小企業診断士/ツアーコンダクター/ディスクジョッキー/ディスプレイデザイナー/デスク/テレビカメラマン/テレビタレント/図書編集者/内科医/日本語教師/ネイル・アーティスト/バーテンダー/俳優/はり師・きゅう師/美容師/評論家/ファッションデザイナー/フードコーディネーター/舞台演出家/舞台美術家/フラワーデザイナー/フリーライター/プロデューサー/ペンション経営者/保育士/放送記者/放送ディレクター/報道カメラマン/法務教官/マーケティング・リサーチャー/マンガ家/ミュージシャン/メイクアップアーティスト/盲・ろう・養護学校教員/幼稚園教員/理学療法士/料理研究家/旅行会社カウンター係/レコードプロデューサー/レストラン支配人/録音エンジニア

※職業名は，労働政策研究・研修機構「職務構造に関する研究」に対応

代替可能性が高い職業とされている仕事に従事している労働者は，人工知能やロボット等の新技術を脅威に感じるはずだが，多くの労働者は事態をそれほど深刻にとらえていないようだ。

　それは，日本の労働者，とくに正社員を考えたとき，外国の労働者とは雇用システムが大きく異なることと関係していると思われる。

　日本では，正社員は，新規学卒で採用されるときには，まず企業に就職（就社）し，その後にさまざまな職務を経験しながら，自分の専門的な分野をもつようになり，その後，管理職に昇進していく（内部昇進システム）。欧米のように，職務がまずあって，そこに人を配置するのではなく，人がまずあり，そこに職務があてがわれる。日本では，どのような職務がその労働者に適しているかは企業が判断する。こうして職務が限定されないという日本の正社員の特徴が生まれてくる（⇒77頁）。

　ある研究者は，この点について，日本では，「もともと欧米とはジョブの概念が異なり，一人一人が個人の主体性，独自性で自分の城を持つのではなく，集団ごとに仕事を融通し合いながら臨機応変にカバーしていく」という独自の組織文化ができあがってきた，と述べている（八幡 1999・7頁）。

　賃金も，労働者がどのような職務に従事したかによっては決まらない。職能給という職能資格制度に基づく格付けによって賃金が決まり，その格付けは，勤続年数に応じて上昇していく。だから，年功型賃金となる。年功型賃金は，特定の職務における技能ではなく，その企業における貢献能力（職務遂行能力）を評価して支払われるものだ。そのため労働者は，水平的移動により新たな職務について一から仕事を覚えるということがあっても，賃金は下がらない。むしろ異なる職務を経験すること自体が，その労働者の貢献能力（職務遂行能力）を高めるものと評価される。

こうした働き方では,賃金は職務やそれを遂行する技能と直接的には関連していないし,特定の職務のために雇われてはいないので,新しい技術が登場しても,労働者がこれを敵視する理由はないことになる。

　また労働組合は,日本では企業別組合が主であり,労使協議の場で企業と密に情報交換を行い,新技術の導入等についても意見表明の機会をもっている。さらに配転や解雇がなされる場合の事前の同意や協議を定める労働協約も締結され,組合員の雇用や労働条件への悪影響の防止の仕組みもある。これらは日本の協調的労使関係の特徴の一つであり,技術革新が深刻な労使紛争を引き起こす危険性を最小限に抑えるものだった。

　このような雇用システムの下にいる日本の労働者が,職務が機械により代替されていっても,自分たちの雇用や処遇に大きな影響を及ぼさないと楽観しても不思議ではない。むしろ,技術革新のもつ生活の利便性の向上のほうに,より大きな関心を向けているのかもしれない。

コラム　家事労働と女性の解放

　技術革新のもつ生活の利便性の向上ということを知るためには,女性の家事労働からの解放の歴史をたどるのがよいかもしれない。

　家事といえば,炊事,洗濯,掃除,裁縫,買物という日常的なものから,子供がいれば育児,老人がいれば介護まである重労働だが,かつてそれを担ってきたのは主婦だった。そのため主婦の家事を助けるために,女中という仕事があった。しかし,産業革命の進行により,女性の労働力の主流は女工になり,女

中は減少していった。さらに戦中は,主婦が女中を雇用することなど贅沢とされ,女中は激減した。戦後,女中の仕事は一時復活するが,女中不足は深刻で,1970年以降はほとんど見られなくなる(小泉 2012)。

ただ,その頃には,女中がいなくても家事が回るようになっていた。核家族化などで家族の人数が減って家事の量そのものが減少したこともあるが,重要であったのは家電製品の普及だ。電気炊飯器,電気洗濯機,電気掃除機,ミシンなど,家事労働は技術の発展で楽になっていく。

そして今日では家事ロボットも登場している。いまや掃除はロボットにやらせるという家庭が一般的となりつつある。料理から後片付けまで,すべて請け負う全自動のロボティックキッチンもすでに開発されている。少子高齢化の時代は,介護の負担が増大することが予想されているが,これもロボットの活用で対応できる見込みがつきつつある。家事から人間が解放される時代が到来するのだ。

2015年には,「女性の職業生活における活躍の推進に関する法律」(女性活躍推進法)が制定され,安倍晋三政権が目玉とする「ニッポン一億総活躍プラン」でも,女性の登用は重要な課題となっている。それをサポートするのが技術の発達なのだ。もっとも,「家事は女性がやる」という認識そのものが,すでに時代遅れなのだが。

4 ME 革命と IT 革命

日本の労働者の技術革新への楽観論は,1980年代の ME(マイクロ・エレクトロニクス)革命を乗り越えた経験によるところも大きい。

ME革命は，半導体電子素子の小型化・軽量化が進み，多くの機器に組み込まれたことにより，製造現場やオフィスに広く普及し，作業の自動化（オートメーション）などの大きな変化を引き起こした現象をさす。

　ここでも当初，ME機器の普及は，人間の雇用を奪うのではないかという懸念が大きかった。政府も，ME化には，そのような危険性があることを認識しており，負の影響をできるだけ回避しながら，ME化の利点を最大限活用し，経済の持続的成長と雇用需要の拡大をめざすことを目標にかかげていた（1984年に発表された労働大臣の懇談会である雇用問題政策会議の「雇用問題におけるマイクロエレクトロニクス化への対応のあり方について」も参照）。

　実際，ME化は，省力化をもたらしたものの，トータルでみると，ME関係の技術者や関連産業の雇用需要などがあり，結局，雇用の増加があったとされる。しかも日本では，ミクロレベルでみても，前述のように（⇒本章3），職務を軸とした人員配置になっていないため，ME化が人間の担当する職務に変化をもたらし，これまでの技能が使えなくなったとしても，企業内での再配置（教育訓練と配転）で対応することができ，深刻な雇用問題は引き起こさなかった（雇用や技能の新陳代謝）。

　ある研究者は，「MEの影響とはMEのもつ独自の技術的特性よりもむしろそれが導入された国や時代における労働者の技能の育成方式や職務編成のありかた，成長率などによって大勢が決する」と述べている（富田 2011・30頁）。つまり日本型雇用システムは，ME革命の影響を抑えるのに適していたということだ。

■ ME化対応5原則

 前記の「雇用問題におけるマイクロエレクトロニクス化への対応のあり方について」という報告書では、ME化への対応についての5原則として、①雇用の安定と拡大、②労働者の適応と労働能力の向上、③労災や労働条件の低下の防止などの労働者福祉の向上、④産業、企業、職場レベルでの具体的な問題に関する労使協議システムの確立、国レベルでの政労使間の意思疎通の促進、⑤国際経済社会の発展に寄与するような国際的視野に立った対応、が定められた。

 1980年代のME革命に続き、1990年代に起こったのがIT革命だ。両者が用いる技術的要素は同一だが、ME革命とIT革命との違いは、「ITの真価は、機器の物理的制御に止まらず、デジタル化できる情報の介在する部面すべてに浸透可能な技術である点にあるのであり、それゆえ適用範囲は社会大に及ぶ」点にある。

 具体的には、「製造業でもモノづくりの部門から事務部門、管理の諸部門（財務・人事・組織）の業務へと適用範囲は拡がる。購買（部品下請け）管理などの企業間の取引や調整の局面にも適用され、POSシステムなどのように市場のニーズを製造部門に伝達する取り込み口の役割をはたす技術も生まれた」し、「さらに、ITはソフトウェア産業や情報処理産業という新たな産業分野をも生み出し、金融・証券業などでは世界大の取引の大量化を技術的に支える基盤ともなった」（富田 2011・30頁）。

 こうしたIT革命も、ME革命と同様、雇用や技能の新陳代謝を起こしたといえるが、労働市場全体に及ぼした影響は一様ではなかった。つまり、高い技能の業務と低い技能の業務の二極化をもたらしたのだ。

 ある研究によると、職業を「非定型分析」（高度な専門知識を持ち、

抽象的思考のもとに課題を解決する業務),「非定型相互」(高度な内容の対人コミュニケーションを通じて価値を創造・提供する業務),「定型認識」(あらかじめ定められた基準の正確な達成が求められる事務的作業),「定型手仕事」(あらかじめ定められた基準の正確な達成が求められる身体的作業),「非定型手仕事」(それほど高度な専門知識を要しないが,状況に応じて個別に柔軟な対応が求められる身体的作業) の5つに分けたうえで,1980年以降の動向をみたとき,日本でも知識集約型 (非定型分析) 業務の増大と同時に,比較的低スキルの非定型手仕事業務の増大,定型手仕事業務の減少がみられたとする。そしてIT資本導入との関係を分析すると,非定型分析業務はIT資本と補完し,定型業務は代替されている傾向が示されている (池永 2009・73頁以下)。

　ここから分かることは,情報技術の発展は,現存する仕事のうち定型的なものを奪っていくが,知的なものかどうかに関係なく非定型的なものは増えていくということだ。

　定型的な仕事が代替されていくと,雇用を減少させるが,他方で,労働生産性を向上させ,より少ない生産要素でより多くの付加価値を生み出すことができる。後述のように (⇒28頁以下) 労働力人口の急激な減少が予想される日本では,とくにこのことを前向きに受けとめることができそうだ。人口が減少していけば,増加が見込まれる非定型業務に従事するようになっていけばよいといえそうだ。

　しかし,そううまくいくだろうか。

5　受難のホワイトカラー

　技術革新は,新たな雇用を創出してきたし,それは現在の技術革新 (ITや人工知能) も同様だ。ただ,これまでと同じように雇用を創

出するかについては,疑問もある。

　そこで注目されるのが,「新たに現れてくる産業は,最初から強力に省力化を推し進めるテクノロジーを内部にほぼ常に組み込んでいる」という指摘だ。「グーグルやフェイスブックといった企業はすばらしく有名になり,巨大な市場価値を実現しながらも,その規模や影響力と比較して従業員の数は非常に少ない。将来生み出される新しい産業すべてについてもそれと同様のシナリオが繰り返されると予想できる理由は十二分にある」(フォード 2015・20頁)。こうなると,これからは技術革新による雇用の創出力に大きな期待を寄せることは難しくなる。

　しかも,雇用が創出されたとしても,そこで求められる技能をもつ労働力を企業に十分に供給できない可能性もある。製造業の企業が新たな情報関連部門を立ち上げても,そこで求められる技能をもつ知識労働者を,企業内部の教育訓練で育成するのではとても追いつかないし,外部から調達しようにも人材が圧倒的に不足している。

　技術革新により,これまでの技能が使えなくなるのは,(第1次)産業革命のときと同じともいえる。ただ現在は,革新のスピードが速く,労働者を企業内で再配置する余裕がないのだ。加えて,企業間や産業間での再配置(移動)により雇用を確保するために必要な職業訓練も追いつかない。

　さらに重要なのが人工知能の発達だ。新しい技術は,当面は安泰と思われていた非定型業務について,作業の効率化を図るにとどまらず,その業務自体を人間の手から奪いつつある。総務省の情報通信政策研究所は,ITと人工知能が合体すること(「ICTインテリジェント化」)により,「人間だけが行ってきた頭脳労働,とりわけ認知,判断,創造について,人間が機械の支援を受けたり,機械がその一部又は全部を代替する」とし,15年程度先になると,幅広い分野で

人間に近い能力を発揮できるようになる，と予想している（「インテリジェント化が加速するICTの未来像に関する研究会」[平成27年6月]）。

先の野村総研の報告では，その研究結果を総括して，「芸術，歴史学・考古学，哲学・神学など抽象的な概念を整理・創出するための知識が要求される職業，他者との協調や，他者の理解，説得，ネゴシエーション，サービス志向性が求められる職業は，人工知能等での代替は難しい傾向があります。一方，必ずしも特別の知識・スキルが求められない職業に加え，データの分析や秩序的・体系的操作が求められる職業については，人工知能等で代替できる可能性が高い傾向が確認できました」と述べていた。

また人工知能の専門家は，ホワイトカラーに残されている仕事は，「人間であれば多くの人ができるがコンピュータにとっては難しい仕事」と，「コンピュータではどうしても実現できず，人間の中でも一握りの人々しか行わない文脈理解・状況判断・モデルの構築・コミュニケーション能力等を駆使することで達成できる仕事」の2種類に分断されると述べる。ただ，前者は，たとえば人工知能が自動認識できない郵便番号の処理のような，「人間が機械を使いこなすのではなく，機械が人間を下働きとして使いこなす」もので，こうした仕事は賃金の低い非正社員が担うとする。しかも，この種の仕事の多くは，インターネットを用いて，全世界に発注するクラウドソーシングでも可能なので，賃金はいっそう下がる可能性がある（新井 2010・191頁）。まさに労働市場の二極化が，徹底した形で起こるのだ。

このように，これからの技術革新は人間の雇用の代替を進行させる一方，雇用の創出はそれほど進まず，結果として，仕事の質的激変と量的減少に直面することになる。その影響は，とくにミドルのホワイトカラー層に大きな影響を及ぼす可能性が高い。

初期のIT革命くらいまでの技術革新は，なんとか乗り越えることができたとしても，その成功体験はもはや通用しない可能性が高い。むしろ成功体験があだとなって，やるべき対策が後手に回ることこそ危険である。新しい技能に対応するための職業能力の養成は，若いころから始めておかなければ手遅れとなる。

■ 経済産業省が発表した，第4次産業革命により就業構造にどのような変化があるかの分析（「新産業構造ビジョン〜第4次産業革命をリードする日本の戦略〜」（中間整理）[平成28年4月27日]）

上流工程（経営企画・商品企画・マーケティング，R＆D）

○さまざまな産業分野で新たなビジネス・市場が拡大するため，ハイスキルの仕事は増加する（職業例として，経営戦略策定担当，M＆A担当，データ・サイエンティスト，マス・ビジネスを開発する商品企画担当やマーケッター・研究開発者，その具現化を図るIT技術者）

○データ・サイエンティスト等のハイスキルの仕事のサポートとして，ミドルスキルの仕事も増加する（ただし，技術革新の進展スピード次第）（職業例として，データ・サイエンティスト等を中核としたビジネスの創出プロセスを具現化するオペレーション・スタッフ）

○マスカスタマイゼーションによって，ミドルスキルの仕事も増加する（職業例として，ニッチ・ビジネスを開発する商品企画担当やマーケッター・研究開発者，その具現化を図るIT技術者）

製造・調達

○IoT，ロボット等によって省人化・無人化工場が常識化し，製造に係る仕事は減少する（職業例として，製造ラインの工員，検収・検品係員）

○IoTを駆使したサプライチェーンの自動化・効率化により，調達に係る仕事は減少する（職業例として，企業の調達管理部門，出荷・配送係）

営業・販売

○顧客データ・ニーズの把握や商品・サービスとのマッチングがAIやビッグ

データで効率化・自動化されるため，付加価値の低い営業・販売に係る仕事は減少する（職業例として，低額・定型の保険商品の販売員，スーパーのレジ係）
○安心感が購買の決め手となる商品・サービス等の営業・販売に係る仕事は増加する（職業例として，カスタマイズされた高額な保険商品の営業担当，高度なコンサルティング機能が競争優位性の源泉となる法人営業担当）

サービス
○AIやロボットによって，低付加価値の単純なサービス（過去のデータからAIによって容易に類推可能/動作が反復継続型であるためロボットで模倣可能）に係る仕事は減少する（職業例として，大衆飲食店の店員，中・低級ホテルの客室係，コールセンター，銀行窓口係，倉庫作業員）
○人が直接対応することがサービスの質・価値の向上につながる高付加価値なサービスに係る仕事が増加する（職業例として，高級レストランの接客係，きめ細かな介護，アーティスト）

IT業務
○新たなビジネスを生み出すハイスキルはもとより，マスカスタマイゼーションによってミドルスキルの仕事も増加する（職業例として，製造業におけるIoTビジネスの開発者，ITセキュリティ担当者）

バックオフィス
○バックオフィスは，AIやグローバルアウトソースによる代替によって減少する（職業例として，経理，給与管理等の人事部門，データ入力係）

以上の分析をふまえ，具体的な政策提言を，次のように行っている。
　①AIやロボット等の出現により，定型労働に加えて非定型労働においても省人化が進展。人手不足の解消につながる反面，バックオフィス業務等，わが国の雇用のボリュームゾーンである従来型のミドルスキルのホワイトカラーの仕事は，大きく減少していく可能性が高い。
　②一方，第4次産業革命によるビジネスプロセスの変化は，ミドルスキルも含めて新たな雇用ニーズを生み出していくため，こうした就業構造の転換に対応した人材育成や，成長分野への労働移動が必要。

6　小括

　技術革新は，さまざまな社会問題を解決し，国民の生活の利便性を向上させ豊かにし，また，労働の生産性を高め，賃金を向上させたりするなど，人々の幸福度を高める可能性がある一方，雇用を奪い失業を生み出すなどの問題を引き起こす可能性がある。とはいえ，(第1次)産業革命以後の歴史からいえることは，技術革新は，産業の新陳代謝を引き起こし，新たな成長産業が，衰退する産業によって失われる以上の雇用を生み出し，トータルでみると雇用の総量は減らなかった。

　もちろん，個々の労働者レベルでは，産業間，企業間，企業内の移動が必要であり(再配置)，そのためには新たな技能を習得することが必要だったが，それがスムーズになされる限り，深刻な雇用問題は生じえなかった。

　実際日本では，戦後の経済復興のなかで，技術革新により生産性を高める一方，新たな技術に対応するのに必要な技能は，企業内での教育訓練をとおして労働者に習得させてきた。ME革命も，IT革命も，こうした手法で乗り切った。

　つまり日本型雇用システムは，長期雇用の下に，職務と切り離された年功型の職能給という安定的な処遇体系をもち，その反面，職務や教育訓練についての企業の権限(人事権)を広く認めるという柔らかな労働組織があったため，技術革新に対する高いアダプタビリティ(adaptability［適応力］)をもっていたのだ。

　ただ企業内での再配置を可能とするアダプタビリティは，技術の発達のスピードが比較的緩やかで，企業内での教育訓練によって，新たな技術が必要とする技能の習得が追いつくことが前提だった。

ところが,現在の技術の発達のスピードは格段に速まっていて,企業内での再配置が困難となっている。また再配置するにも,肝心の雇用がそれほど創出されない状況にもなっている。ホワイトカラーの雇用の多くは,すでに危機的な状況にあるとの警告には,真剣に耳を傾けなければならない。

　企業内での再配置により雇用問題を生じさせなかった過去の経験が,どこまであてはまるかは楽観を許さないのだ。

> **コラム　奴隷の解放と復活**
>
> 　技術の発達は,熟練労働者の仕事を奪うということだけではない。誰もがやりたがらないような,いわゆる3K労働(きつい,きたない,危険な労働)から人間を解放することにも貢献する。
> 　3K労働は,古代社会では,奴隷にやらせていた。人間のなかに身分格差を設けて,3K労働を押しつけたのである。そうした現象は,現代社会でもなくなっているわけではない。
> 　先進国では,奴隷はいなくても,外国人がそういう3K労働に従事しているところが少なくない。日本では,単純労務に従事する外国人は受け入れないという建前だが,外国人研修の実態は,日本人のやりたがらないような仕事を低い賃金でさせているという面がある。さらに先進国の暮らしを支える製品などが,途上国の苛酷な労働によって生産されているという現実もある。
> 　しかし,技術の発達は,3K労働はロボットにやらせることができ,人間がそうした3K労働をしなくてもすむようになる。これは良いことのようだが,問題がないわけではない。3K労働はやる人が少ないから,それをあえてやることによって生計を立てることができた。ロボットの普及は,国内,さらには外

国において，奴隷的な労働をなくす反面，新たな貧困問題を生じさせる可能性もある。

　それともう一つ別の問題もある。3K 労働をロボットにさせるとなると，ロボットこそ，現代の奴隷と言えなくもない。人工知能搭載のロボットに，人間並みの（あるいはそれ以上の）知性があるなら，ロボットの権利を保護すべきという話も出てきかねない。クジラやイルカの権利を守れ，というのと同じような観点だ。ロボットの権利というのは荒唐無稽なことのようだが，ここには人間とは何か，という哲学的な問題が横たわっているように思える。

補論　雇用の支援・代替・創出効果

　新技術の導入が，人間の労働に及ぼす影響は多面的である。技術革新には，人間の仕事をサポートするという「支援」の効果，人間の仕事に取って代わるという「代替」の効果，人間のやるべき新たな仕事を増やすという雇用の「創出」の効果がある。どの効果に着目するかによって新技術への評価も変わってくる。労働力人口の減少への対応としてみると，新技術の「支援」や「代替」の効果は肯定的に評価できる。一方，「代替」の効果は，失業問題を引き起こす可能性があるという点では，肯定的に評価できない。

　「支援」と「代替」との間には連続性があり，そのどちらになるかは，新しい技術のレベルにもよる。たとえば新しく導入された機械が，人間の従事する仕事について，その一部の効率化は進めても，トータルでみると人間のレベルにまでは達していない段階であれば，その機械は「支援」の効果をもつにとどまるが，人間の従事する仕

事全体を人間よりも高い生産性でこなすことができれば（コストあたりでみて、相対的に高い付加価値を生み出せば）、「代替」が起こる。比喩的に言えば、機械がアルバイトレベルであれば、人間と共存できるが、正社員レベルであれば、機械がよほど高価なものでない限り、人間を代替するということだ。

一方、「創出」のプロセスには二通りある。一つは、新技術の利用により、事業が拡大することにより、雇用が増加するというプロセス、もう一つは、新技術の利用により新たな事業が生まれて、そこで雇用が増加するというプロセスである。

このことを、企業のアウトソーシングにより近年増えてきた顧客への電話対応（コールセンター）の業務でみてみることにしよう。

これまで人間が担当してきたもののうち、単純な質問に対する応答（FAQに対する応答）は、すでに人工知能での対応が可能だ。人工知能のレベルが低い段階では、人間の作業の「支援」だったが、徐々にレベルが上がっている現在では、人工知能のほうがコストが低いので、機械が「代替」することになる。そうはいっても、複雑な質問になると、まだ人工知能では対応が十分にできない面があるので、人間で対応することになる。

単純な対応を人工知能に任せたことにより、企業は人間をより複雑で専門性の高い顧客対応業務に従事させることができ、より付加価値の高いサービスを提供することができる。これにより、質の高い雇用の「創出」が生じたことになる。

労働者側からいうと、これまで単純業務をしていた人は、新たな専門業務に従事することができなければ、雇用を失うおそれがある（ただし、職務無限定契約であれば、ただちに解雇に直結するわけではない）。一方、新たな専門業務に従事する労働力は、企業内での配転で対応するか、それができなければ、新たに人を雇い入れたり、派遣

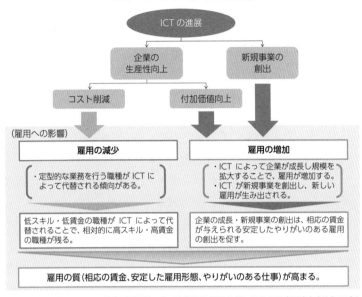

出典:総務省「ICTによる地域雇用創出に向けた課題と解決方策に関する調査研究」(平成27年)

で受け入れたり,あるいはクラウドソーシングなどの外部からの調達となる。このことは,こうした業務に従事する能力をもつ労働者は,直用,派遣,自営といった働き方の選択肢が生じることを意味する。ただ注意すべきは,ここでも人工知能の発達が予想されるため,こうした専門的業務であっても,雇用の代替が将来的に起こることだ。技能の内容が,質的に機械に適合しないというものでないかぎり,いずれは人工知能によって追い越されてしまう。そうすると,正社員に担当させることは,企業としてはリスキーとなるし,労働者にとっては直用の正社員という働き方の選択肢は現実性が小さいものとなる。

コールセンター業務では、顧客からの問い合わせを通じて膨大なデータ（ビッグデータ）が集積するため、たんなる顧客対応ではなく、データを活用した新たなビジネスが立ち上げられることもある。こうした新規のビジネスは、それに従事する新たな雇用を生み出すことになる。そこでの労働力の需要は、情報関係の技能をもった者となる可能性が高く、直用、派遣、自営といった働き方の選択肢が与えられ、賃金も高いものとなろう。ただし、このような分野であっても、将来的には、人工知能によって代替される可能性はあるのだ。

第 2 章

第 4 次産業革命と労働政策上の課題

1 労働力人口の減少

　IT，人工知能（AI），ロボットなどの新技術のいっそうの発達が，雇用に破壊的な影響を及ぼすのなら，政治的な決断で，こうした新技術の開発を止める（予算をつけない，特定領域の研究を禁止するなど）という考え方もありうるかもしれない。しかし，そうした政治的判断は妥当だろうか。その答えは，否だ。第 1 章でみたように（⇒9頁），それは歴史の教訓を学んでいないことになるし，より積極的な理由は，日本が直面する未曾有の少子高齢化の進行に対処するために必要だからだ。国立社会保障・人口問題研究所のデータによると，2015 年の日本の総人口は 126,597 千人だが，これからの変化は，予想推計によると，2020 年は 124,100 千人，2030 年は 116,618 千人，2040 年は 107,726 千人，2050 年は 97,076 千人，2060 年は 86,737 千人と減少していく。つまり 10 年ごとにおよそ 1000 万人ずつ人口が減っていくことになる。

　年齢別でみると，2015 年は，20 歳から 64 歳までの人口は 70,885 千人，65 歳から 74 歳までの人口が 17,494 千人，75 歳以上の人口が 16,458 千人だが，これが，次の図表ように変わっていく。

図表　年齢（4区分）別人口の推移と将来推計

年次	人口（1,000人）				
	総数	0～19歳	20～64歳	65～74歳	75歳以上
2015	126,597	21,760	70,885	17,494	16,458
2020	124,100	20,146	67,830	17,334	18,790
2025	120,659	18,492	65,593	14,788	21,786
2030	116,618	16,984	62,784	14,065	22,784
2035	112,124	15,620	59,096	14,953	22,454
2040	107,276	14,665	53,933	16,448	22,230
2045	102,210	13,862	49,785	15,997	22,567
2050	97,076	12,970	46,430	13,830	23,846
2055	91,933	11,995	43,682	12,246	24,010
2060	86,737	11,045	41,050	11,279	23,362

出典：人口統計資料集2015/表2-9（一部省略）

　65歳以上の割合（高齢化率）でみると，2015年は26.8％だが，2020年は29.1％，2030年は31.6％，2040年は36.1％，2050年は38.8％，2060年は39.9％となる。つまり2060年には5人に2人は65歳以上となる社会が到来し，75歳以上だけをみても，人口の26.9％を占めることになる。

　少子化が今後大きく改善することが期待できない以上，高齢化率は，だいたいこの推計どおりになると想定して，対策を考えていかざるをえない。

　安倍晋三政権が「ニッポン一億総活躍プラン」を打ち出しているのは，こうした労働力の激減にいまから対処しようとする政策とみることもできる。

　労働力不足の対策として，すぐに思いつくのは，高齢者，女性，外国人の活用だ。すでに高齢者については，高年齢者雇用安定法の

数次の改正で，定年後も65歳までは本人が希望するかぎり雇用確保されることになっているし（9条。ただし，2025年3月までは経過措置あり），女性については，2015年に女性活躍推進法が制定され，国・地方公共団体および301人以上の大企業に対して，①自社の女性の活躍に関する状況把握・課題分析，②その課題を解決するのにふさわしい数値目標と取組みを盛り込んだ行動計画の策定・届出・周知・公表，③自社の女性の活躍に関する情報の公表が義務づけられている（300人以下の中小企業は努力義務）。外国人については，積極的に人材の受入れの検討がなされており（2020年の東京オリンピック開催に必要な公共事業での労働力不足対策というねらいもある），高度人材については，2014年の入管法の改正により新たな在留資格（「高度専門職1号」，「高度専門職2号」）を設けて優遇措置が講じられている。

このほか，障害者については，障害者雇用促進法が2013年に改正され（2016年4月から順次施行），①雇用の分野における障害者であることを理由とする差別的取扱いを禁止すること，②事業主に，障害者が職場で働くにあたっての支障を改善するための措置（合理的配慮の提供義務）を義務づけること（ただし，当該措置が事業主に対して過重な負担を及ぼす場合を除く）などが定められている。

若者についても，若者をターゲットとした初の雇用政策立法である若者雇用促進法が2015年に制定され，若者の活用政策が進められている。

このように，近年，特定の労働者カテゴリーにターゲットをあてた雇用政策が矢継ぎ早に進められてきている。こうした政策が，短期的には一定の効果をもつことは予想できる。ただ中長期的にみると，前述のように日本人の人口が減少する以上，日本人を対象とした雇用政策には限界があるし，外国人については，移民との共生には文化摩擦など諸外国でも難しい問題が生じており，日本でその活

用がどこまで拡大していくかは予断を許さない。

そう考えると，労働力人口の減少を前提としたうえで，それを補完するためにも，とくに唯一増加するカテゴリーである高齢者の労働力を活かすためにも，人工知能やロボットの技術の開発に政府が積極的に取り組む理由は十分にある。

2　グローバル化

新技術の開発を止めるという政治判断が間違っているもう一つの理由は，グローバル化の進行だ。グローバル化は，ヒト，モノ，カネが世界的に自由に流通する現象であり，経済も科学技術も国境を越えて発展の競争をしている。日本政府が，新技術の開発を止めるという政治決断をしたとしても，他国が同じような態度をとる保証がまったくない以上，日本だけが独自の道を進むことは賢明ではない。

とりわけ途上国では，現状の貧困状態からの脱却のために，新たな技術を積極的に活用しようとするだろう。たとえば，電話の普及が遅れていた途上国は，近年，固定電話の普及という段階をとばして，いきなり携帯電話の普及という段階に突入している。総務省の発表している『平成24年版 情報通信白書』では，次のような記述がある。

「従来は，所得水準も教育水準も低い国や地域においては，貯蓄が不十分で投資余力がなく（インフラの壁），また，技術の受け入れ・定着が進まない（技術利活用の壁）ため，経済発展に向けた内生的なメカニズムが働きにくいと考えられてきた。しかし，携帯電話などのICT が一度社会に普及すれば，その音声機能を出発点としつつ，次第に SMS などの利用を通じて，文字情報の利活用機会が広がる

……。また，携帯電話をマイクロファイナンスとして応用する等，従来の銀行制度からは縁遠かった人々が貨幣経済に加わる道も広げつつ，『インフラの壁』『技術利活用の壁』を打破し，ネット化への流れを進める潜在力を有していると考えられる。」

このことは，ICT（情報通信技術）は，途上国に普及しやすい技術であり，かついったん普及すると，たちまち従来の先進国との格差を縮める経済成長につながる可能性があることを示唆している。

市場がグローバル化しても，教育水準や技術水準の違いがあるので，日本の優位はゆるぎないというのは，単なる思い込みにすぎない。グローバル化された市場では，新技術はどの国の企業でも利用可能な共通の基盤だ。そこで他企業との競争に打ち勝つためには，その技術を活用しながら，いかにしてイノベーションにより生産性を向上させるかが重要なのだ。

政府は，新技術に背を向けるのではなく，その発達に積極的にコミットしながら，日本企業の競争力を高めるべく政策的サポートをしていくことが求められる。そのなかでも重要なのが，新たな技術に対応できる人材を育成することだ。

3　産業構造の変化―第4次産業革命―

現在，生産システムは，IT 革命を経て，第4次産業革命と呼ばれるような根本的な変革期に入っている。

経済産業省の産業構造審議会の「新産業構造ビジョン～第4次産業革命をリードする日本の戦略～」（中間整理）（平成 28 年 4 月 27 日）では，「技術のブレークスルー」と題して，第1に，実社会のあらゆる事業・情報が，データ化され，ネットワークでつながることにより，自由にやりとりが可能になり（IoT），第2に，集まった大量の

データをリアルタイムに分析し、新たな価値を生む形で利用可能になり（ビッグデータ）、第3に、機械が自ら学習し、人間を超える高度な判断が可能になり（人工知能［AI］）、第4に、多様かつ複雑な作業についても自動化が可能になる（ロボット）、とする。

たしかに、このような産業構造の転換は、これが初めてではない。第1次産業革命でも起きたことだし、その後の技術革新でも不断に起きてきた。そして、こうした変化が雇用に及ぼすインパクトに対処するため、政府は、産業間、企業間、企業内での人材の再配置を促進することが求められ、労働者は、新たな産業の求める技能を習得していくことが求められてきた。そのことは第4次産業革命でも基本的に変わりはない。

ただ、それでも第4次産業革命の雇用へのインパクトは、これまでと同様の対策では十分でない可能性もある。

今日の産業の中心はサービス産業とされる。第1次産業革命によ

図表　GDPに占める第3次産業の構成比の推移

年	第一次産業	第二次産業	第三次産業
昭和45	5.9	42.0	52.1
昭和50	5.3	37.7	57.0
昭和55	3.5	35.4	61.1
昭和60	3.1	34.0	63.0
平成2	2.4	34.5	63.1
平成7	1.8	29.2	69.0
平成12	1.7	27.4	70.9
平成17	1.2	25.8	73.0
平成20	1.1	25.6	73.3
平成21	1.2	23.7	75.2
平成22	1.2	25.2	73.8

出典：内閣府経済社会総合研究所「国民経済計算」

り，自然に働きかけて富を得る農業・林業・漁業などの第1次産業から，自然にある資源を加工してモノを製造して富を得る第2次産業へと産業の中心はシフトし，それがさらにモノの流通・販売や，私たちの生活（娯楽も含む）に必要な種々の無形財を提供して富を得る第3次産業にシフトした。

そして近年では，サービスのなかでも，情報を扱うものが重要性を高めてきた。たとえば携帯電話でメールの送受信をしたり，電車の自動改札を利用したり，金融機関でATM（自動支払い機）を利用したり，クレジットカードで支払いをしたり，ネットショッピングをしたりするなど，情報サービスは私たちの生活に不可欠となっている。社会の情報化は，私たちの生活の利便性を飛躍的に高める大きな変化であり，雇用面でも自動化による省力化を次々ともたらしている点で影響が大きかったが，そこまでならこれまでの技術革新でもあったことだ。

ただ，今日の情報化の進行は，さらなるインパクトをもっている。それがデジタライゼーション（digitalization）だ。情報化社会では，デジタル化された情報が，高速かつ大量に処理可能であり，インターネットにつながることにより世界中で送受信される。最近では，スマートフォンのような携帯端末によって，個人が日常的にネットに接続してデジタル情報を利活用できるようになっている。さらに，前述のように，第4次産業革命の特徴の一つであるIoTにより，モノそのものがインターネットにつながり，モノから発信される情報（計測データ，センサーで感知したデータ，制御データなど）が，大量に収集・蓄積され（ビッグデータ），それを利活用するビジネスが生まれつつある。

経済産業省の前記「新産業構造ビジョン」の中間整理では，IoTとビッグデータなどの，「データの取得・分析・実行サイクルが，(1)

情報制約の克服，(2)物理制約の克服等を可能とし，これとビジネスが結びつくことで，①革新的な製品・サービスの創出（需要面），②供給効率性の向上（供給面）の両面から，あらゆる産業で破壊的なイノベーションを通じた新たな価値が創出され」，これにより，「これまで実現不可能と思われていた社会の実現が可能に」なり，それにともない産業構造や就業構造が劇的に変わる可能性があるとする。

具体的なインパクトとして指摘されているのは，ⓐ大量生産・画一的サービスから，個々のニーズに応じたカスタマイズ生産・サービスへの転換（個別化医療，即時オーダーメイド服，各人の理解度にあわせた教育［アダプティブ・ラーニング］），ⓑ社会に眠っている資産と，個々のニーズを，コストゼロでマッチング（Uber，Airbnb 等），ⓒ人工知能により認識・制御機能を向上させることによる，人間の役割のサポート・代替（自動走行，ドローン施工管理・配送），ⓓ製品やモノのサービス化，新たなサービスの創出（設備売り切りから，センサーデータを活用した稼働・保全・保険サービスへ），データ共有によるサプライチェーン全体での効率性の飛躍的向上（生産設備と物流・発送・決済システムの統合）などがある。

これらのうち，雇用へのインパクトという点でとくに注目されるのは，第1次産業革命後に誕生した労働法が想定していた集団主義的な働き方を根本的に変えてしまう可能性がある，大量生産・画一的サービスからの脱皮であり（ⓐ），もう一つは人工知能の活用だ（ⓒ）。

用語解説　第4次産業革命

ドイツを中心に進められている，産業構造の根本的な転換をめざす新たな動き（ドイツ語では，Industrie 4.0）。

第1次産業革命は、水・蒸気を動力源とした機械を使った製造の導入（機械化）により起こり（18世紀終わり）、第2次産業革命は電気を動力源として、分業の仕組みに基づいた大量生産の導入により起こり（20世紀初め）、第3次産業革命はオートメーションを進めるためのITやエレクトロニクスの使用により起こった（1970年代初頭）。第4次産業革命は、サイバーフィジカルシステム（CPS；サイバー空間と実社会とが融合したシステム）の活用により起こるとされる。

4　人工知能の発達

(1)　人工知能とは何か

　新しい技術のなかでとくに注目されるのが、すでに何度も言及してきた人工知能だ。人工知能といっても、いろいろなレベルのものがある。今後、人工知能が、どこまで人間の雇用を代替していくかを予測するには、人工知能の技術的特徴を知っておく必要があろう。

　人工知能の定義に定まったものはないが、ここでは、コンピュータに作業をさせることにより、人間並みあるいは人間以上のすぐれた成果を出すときに、それを人工知能と呼ぶこととしたい。

　松尾氏によると、人工知能には4つのレベルがあるとされる（松尾2015・50頁以下。(2)以下の人工知能に関する説明も同書によるところが多い）。

〈レベル1〉単純な制御プログラムだけが組み込まれているもの：家電製品に搭載されているとされる人工知能がこれに該当するが、厳密に言えば人工知能に値するものではない。

〈レベル2〉入力と出力を関係付ける方法が洗練されており、入力と出力の組み合わせの数が極端に多いもの（推論・探索を行っているもの、知識ベースをとりいれているもの）：将棋ソフト、パズルを解くプログラム、診断プログラムなどがこれに該当する。これら

が，古典的な人工知能である。

〈レベル3〉入力と出力を関係付ける方法が，データをもとに学習されているもの（機械学習）：検索エンジンに内蔵されていたり，ビッグデータをもとに自動的に判断したりするような人工知能がこれに該当する。

〈レベル4〉機械学習する際のデータを表すために使われる変数（特徴量）自体を学習するもの（ディープ・ラーニング）。

そして，松尾氏は，人間の労働者にたとえ，〈レベル1〉は，言われたことだけをこなすアルバイト，〈レベル2〉は，たくさんのルールを理解し判断する一般社員，〈レベル3〉は，決められたチェック項目に従って業務を改善していく課長クラス，〈レベル4〉は，チェック項目まで自分で発見するマネージャークラスだと説明している。

近年，人工知能が，人間の仕事を奪うかもしれないと言われたのは，人工知能が〈レベル3〉以上に到達したからだ。人工知能がゲームに強いくらいであれば，人間の雇用という点では，それほど気にする必要はなかった。しかし，人工知能のレベルは，インターネット上の大量のデータ（ビッグデータ）が活用できるようになり，一挙にその潜在能力を発揮し始めた。

(2) 機械学習

プロローグでもとりあげたように（⇒3頁），囲碁において，人工知能であるAlphaGoが人間のトップ棋士に勝利したことは世界中に衝撃を与えた。

コンピュータがゲームに強いことは，よく言われてきたことだ。すでにコンピュータは迷路のような探索型のゲームでは強みを発揮し，対戦相手のいるオセロ，チェス，将棋，囲碁といったゲームでも，人間に対する優位を徐々に発揮してきた。こうしたゲームでは，

ルールは明確なので、しらみつぶしに調べていけば必勝法は見つかる（二人零和有限確定完全情報ゲーム）。もっとも、手の組み合わせはオセロで10の60乗、チェスで10の120乗、将棋で10の220乗もある。さらに囲碁となると10の360乗となり、天文学的数字だ。いくらコンピュータでも、ここまでの手を調べることはできない。

そうなると、コンピュータで調べる範囲を限定していく必要がある。その際に使うのが、局面ごとの良し悪しを示す評価関数だ。その評価関数に基づき状況判断をし、最善手を選んでいく。これにより、その局面で可能な手をすべてしらみつぶしにするという無駄な探索作業を省くことができる。

将棋でいえば、序盤の指し手は無限にあるが、中盤以降は、手の数が限定されてくるので、コンピュータが評価関数を用いて手を読みやすくなるし、終盤になるとほぼ確実に詰みを見つけ出すことができる。

将棋のコンピュータソフトの強さは、この評価関数の精度をどのように高めるかにかかっていた。これを当初は、人間の手でやっていた（職人技の世界）が、それを機械によって行うことができるようになった（Bonanza というソフトの登場）。これが機械学習（machine learning）である。まさに人間の仕事が機械で代替されたのだ。

機械学習とは、機械が、既存のデータ（入力される訓練データ）から、見えていない情報（出力されるテストデータ）を予測するための方法を学習することだ。機械学習には、大きく分けて二つのタイプがある。一つは、教師つき学習（supervised learning）と呼ばれるもので、訓練データと正解データとをセットにして学習させる。練習問題を解いて、模範解答と照らし合わせながら、解き方を学んでいくというプロセスに似ている。

これに対して、教師なし学習（unsupervised learning）は、正解デー

タがあらかじめ示されないまま、コンピュータの手でデータの構造を学習させるというものだ。それにより、コンピュータは、人間が予想もつかないようなデータの分類をしたりすることが起こる（過去の顧客の購買データをみて、Aという商品を買う人は、同時にBという商品も買うというパターンを発見するなど）。

将棋では、まずプロ棋士の棋譜を用いて、プロ棋士が指したように指す（出力）ことを学習させた（教師つき学習）。プロ棋士の指し手にあわせて評価関数を作ればその精度は高くなる。ただ、これでは、プロ棋士の対局ではあまり出てこないような局面での学習が不十分となるし、プロ棋士以上の棋力のコンピュータを作ることはできない。

そこで、コンピュータがコンピュータと対局（自己対局）して作った棋譜から学ぶという手法がとられるようになった。ここで用いられる手法が、強化学習（reinforcement learning）と呼ばれるものだ。強化学習とは、学習主体であるエージェントが、環境内でさまざまな行動を試しながら、環境から与えられる報酬が最大になるように学習を行っていくという手法だ（強化学習の有名な例は、自動運転の車がぶつからないように動く方法の学習だ）。報酬が適切に設定されれば、教師がいなくても学習することができる。現在の将棋ソフトは、この強化学習の手法で、評価関数の精度を高めて強くなっている。

一方、囲碁では、局面数が桁違いに大きいため、将棋と同じような評価関数を作ることが難しかった。そこで用いられたのが、モンテカルロ法と呼ばれるものだ。これは、ある局面について人間は評価を与えず、そのままランダムに対局が終了するまで続けさせ（ロールアウト）、その勝率からみて評価するという方式だ（正確にはモンテカルロ木探索法［MCTS］という）。いい加減な方法のようにも思えるが、これがかなり優秀なのだ。今日の囲碁ソフトは、この方式に

基づいており，実は AlphaGo も同様だ。

(3) 特徴量

人工知能の議論では「特徴量」(ないし「特徴」) という言葉がよく出てくる。これは，対象物の特徴を示す変数という意味だ。将棋について機械学習させようとする場合，そのデータ (棋譜) のどの特徴に注目するかを絞ることができれば，より精度の高い評価関数を手に入れることができる。これは要するに，「将棋とは何か」という本質を問うこととをもいえるが，これが「王」を含む3つの駒の関係であるということがある時点で発見された。こうして，データにおいて注目すべきところが絞り込まれたことから，評価関数の精度が高まった。これが (前述の強化学習と相まって) 将棋ソフトがプロ棋士を凌ぐほどの強さをもつようになった原因だ。

このことからわかるように，機械学習は，人間がうまく特徴量を設計することができるかどうかが，成功の鍵となってくる。

(4) ディープ・ラーニング (深層学習 [deep learning])

2012年に「Googleの猫」というのが話題になった。Google (現アルファベット) の研究開発により，コンピュータが勝手に猫を認識するようになったのだ。コンピュータが自ら学習し認識するようになった猫の画像は，私たちに驚きを与えた。

このとき，人間は，コンピュータに何も教えていなかった。猫の特徴量も教えていない。ただ，ひたすら YouTube の大量の画像を見せただけだ。そのなかから，コンピュータは，人間が猫と呼ぶものの特徴量を見つけ出したのだ。コンピュータは，猫という概念を自力で習得したことになる。人間は，それを猫であると教えるだけでよい。そうなると，コンピュータは，ある動物の画像を見て，そ

れが猫であるかどうかを識別できるようになる。コンピュータもたまにはミスをするが，それは人間だってミスをしかねない，猫かどうか識別しにくい動物の画像を見せられたときだけだ。

　これがディープ・ラーニングだ。機械学習のなかの，人間の脳の神経細胞をシミュレートしたニューラル・ネットワークという手法の進化形で，ネットワークを多層化したものだ。多層化によって，抽象度の高い特徴量を導き出すことができる。そこでは，あたかも人間の赤ちゃんが，成長過程で猫を認識していくのと同じようなメカニズムが機能している。ちなみに，AlphaGoには，ニューラル・ネットワークの構築にディープ・ラーニング（深層学習）と強化学習の手法が取り入れられていた。

> **コラム　AlphaGoが強い理由**
>
> 　AlphaGoでは，これまでの囲碁ソフトで採用されてきたモンテカルロ木探索方式に，次に打つ手の選択をするポリシー・ネットワークと局面の評価をするバリュー・ネットワークの二つからなるニューラル・ネットワークが組み合わされている。
>
> 　具体的には，前者のポリシー・ネットワークは，まずアマチュア高段者らの3000万の局面の画像データと次の一手を訓練データとして用いて，次の一手を予測するよう学習させた（教師つき学習）。その予測精度は57パーセントと高いものだった。次いで，コンピュータ同士で自己対局させる強化学習を行って勝率を向上させた。後者のバリュー・ネットワークは，局面と勝率を組み合わせたデータを訓練データとして用いてディープ・ラーニング（深層学習）させたものであり，これにより将棋のところで述べたような評価関数をもつことができるようになった（それ以前は，囲碁では精度の高い評価関数を作ることが難

しいとされていた)。

　囲碁と画像データの相性がよく（碁石は将棋の駒とは違って移動がなく，局面の進行にしたがって順番に増えていく），画像データの認識にディープ・ラーニングの技術を使うことができたことから，強化学習と相まって，飛躍的に強い囲碁ソフトが誕生したのだ。

(5) 人工知能の雇用へのインパクト

　人工知能の発達は，もちろんゲームの世界だけではなく，人間社会にも大きな影響を及ぼす。すでにみたように，人間の仕事を代替するシナリオは，かなり具体的に予想されている。ここでは，人工知能のもつ特性からみて，より分析的に，この点をみておきたい。

　まず，人工知能が(1)でみたような〈レベル1〉や〈レベル2〉にとどまっているかぎりは，比較的予想がつきやすい。定型的な仕事は，それが肉体労働であれ，知的労働であれ，代替されていくことになり，この点は本書でもすでにふれたとおりだ。

　問題は〈レベル3〉以降の機械学習のインパクトだ。機械学習は，人間では処理しきれないようなビッグデータでも，人間が正解データを与えるかぎり，容易に人間の与えるタスクを実行していくことができる。

　たとえば，いわゆる分類問題は，機械学習が最も得意とするものであり，すでに人工知能が大いに活用されている（迷惑メール識別，手書きの郵便番号読取，商品レコメンデーション，クレジットカード不正利用検知，医療診断など）。仕事の内容が，この種の作業を中心にしている場合には，その仕事は確実に機械に代替されるだろう（良くても，人間は機械の下請け程度にとどまる）。一方，何が正解であるかを，

人間が提示することができない場合には、機械はタスクを実行することができない。こうした仕事は、人工知能にゆだねることができないので、代替も起こらない。

　すでにみたように、日本の正社員の働き方は職務が限定されておらず、本人に求められる仕事の内容は、特定されていない。こうした働き方をしている以上、職務が人工知能に代替されても、その影響を受けにくい（⇒13頁）。また、個々の正社員の仕事を職務ごとに区分せずに全体としてとらえるとしても、それを人工知能で代替させることは難しい。個々人の仕事の内容や外延が、ジョブ・ディスクリプション（職務記述書）に記載されていないので、入力のための訓練データも出力のために参照される正解データも作成が難しい（人工知能に何をどのようにさせるかの指示ができない）。

　だからといって日本の正社員が楽観できないのは、企業が、今後、こうした職務無限定な働き方を改革していく可能性があるからだ。企業が、人工知能に代替可能な職務を析出し、人間をできるだけそれ以外の職務に従事させたほうが効率的であると判断すれば、仕事の編成を見なおしていくだろう。それにともない、人工知能にゆだねる仕事と人間のやる仕事の仕分けがなされていく。結果として、職務型の働き方が増えていくし、人工知能の発達によって、人間に任せる職務が減っていくだろう。

(6) 人工知能の未来

　松尾 2015 は、人工知能の歴史のなかで、ディープ・ラーニングにより機械が特徴量の発見をできるようになったことの意義を高く評価する。しかも、その先に、人間の社会を根本的に変えていくような人工知能の発達があるとする。

　このことを、松尾 2015・127 頁が、「技術の発展と社会への影響」

を，時系列的に示したものに基づき，確認してみよう（松尾 2016 とも合体させている）。人工知能のやれることは，次の①から⑥の順に発達していく。

① 画像認識　　認識精度の向上にともない，画像から特徴量を抽出するようになる。
② マルチモーダル　　動画の認識精度向上にともない，映像，センサーなどのマルチモーダルな（複数の感覚のデータを組み合わせた）特徴量を抽出し，モデル化して，行動予測や異常検知を行うようになる。
③ ロボティクス（行動）とプラニング　　自分の行動と観測のデータをセットにして，特徴量を抽出するようになる。記号を操作し，行動計画を作るようになる。
④ 行動に基づく抽象化　　外界と試行錯誤することで，外界の特徴量を引き出すようになる。
⑤ 言葉とのひもづけ　　高次の特徴量を，言語とひもづけて，言語を理解したり，自動翻訳をしたりするようになる。
⑥ 言語からの知識獲得　　グラウンディングされた（実世界の意味や価値と結びつけられた）言語データの大量の入力により，さらなる抽象化を行うことができるようになる。

①と②は「認識」，③と④は「運動」，⑤と⑥は「言語」に関係し，この順に発展がみられる。①の段階では，レントゲン写真をみて医師が発見できないガンを人工知能が発見するというようなことが起こり，②の段階では，防犯や監視にいっそう活用され，③の段階では，自動運転の普及，物流のラストワンマイル（顧客に至るまでの最後のプロセス）でのドローン活用などが起こり，④の段階では，ロボットが家事や介護などの領域に進出し，⑤の段階では，機械翻訳が実用化し，⑥の段階では，秘書をしたり，教育を行ったりするように

なる，とする。⑤が 2025 年，⑥が 2030 年あたりというのが，松尾氏の予想である。

現実に，このようになるかどうかはわからない（48〜49 頁に紹介した総務省の ICT の未来年表も，すでに多くの修正が必要となっている［とくにコンピューティングの欄］）が，④あたりまではすでに想定内の話になっている。⑤や⑥が実現すると，人間の仕事は大幅に代替されていくだろう。人工知能研究の第一人者の予想であるだけに，重く受けとめて，今後の政策を考えていく必要がある。

5　産業界の構造転換と労働政策

こうした人工知能の発達にともない，経済界が産業構造の転換を進めていこうとするときの課題は，すでにふれたように，産業や雇用の新陳代謝（代替・創出）が起こるなか，いかにして新たな成長産業に人材を移動させ，新しい技術が求める新たな技能をもつ人材を育成していくかだ。

その際に考慮すべきなのは，技術革新の雇用へのインパクトには，時間的なプロセスがあるという点だ。たとえば，機械に代替される職種であっても，その進行スピードは産業によって異なる。第 1 章 1（⇒ 7 頁）で紹介した「雇用の将来」で示されたような職務の機械代替率は重要な情報となろう。

また雇用の代替と雇用の創出が同時に起こるのか，前後して起こるのかの予想は，政策を進めていくうえでの重要なポイントだ。雇用の代替のほうが，雇用の創出よりも先に進行していくと，失業問題が起こり，社会的な不安を引き起こすことになる。

したがって，短期的な政策としては，雇用の代替が先行する業種や職種に従事する者への配慮に重点が置かれるべきだろう。一方，

中長期的な政策としては,産業の変化の就業構造に及ぼす変化を的確に予想しながら,企業が新しい技術を活用して生産性を高めていく環境を整えることであり,同時に,新たなビジネスや産業を担う人材を供給できる体制を整えることだ。

もっとも,こうした課題を現行の労働法制の下で解決していこうとしたとき,いくつか壁となるものがある。

第1に,個々の企業が,経営資源を衰退部門から成長部門へと移行させようとするとき,人材も同じように移行させることは難しくなってきている。つまり企業内での再訓練・配転という方式(企業内再配置)は,今後は徐々にとれなくなる(⇒18頁)。そうなると,人材は,企業間,産業間の移動により調達することになるが,それは個々の労働者にとっては,解雇(もしくは自発的な退職[辞職])と移籍を意味する。

これまでの労働政策の重点は,解雇を規制し,できるだけ雇用を維持することにあり,労働移動についての政策は後手に回っていた(島田 2013)。しかし今後は,企業の構造転換の際に解雇が起こりうることも想定しながら,いかにして人材の企業間・産業間再配置をスムーズに行い,労働者の長期失業の回避や所得保障というセーフティネットの措置を適切に講じるかが,重要な政策課題となる。

第2に,成長部門に人材を供給するためには,その人材が新しい産業を担えるだけの技能をもっていなければならない。第1でみたような人材の企業間・産業間再配置を行ううえでも人材の再教育が不可欠だし,これから労働市場に出てくる若者に対する,将来を見据えた職業教育も不可欠だ。とくに人材の企業間・産業間再配置では,それが適切な再教育とリンクしなければ失業の長期化を引き起こす可能性があるので,セーフティネットという観点からも再教育は重要な意味をもつ。

従来の人材教育は，企業内で実施されるものがメインだったが，人材の流動化が前提となると，個々の企業では人材教育をするインセンティブが働かないことになる。教育投資をしても労働者がいつ退職するかわからず（辞職の自由［⇒78頁］は法的に保障されている），投資の回収可能性が担保されていなければ，投資は行われなくなる。誰かが教育した人材をヘッドハンティングすればよいと考える企業が増えれば，どの企業も教育に投資をしなくなる（経済学でいう公共財問題という市場の失敗が起こる）。こうしたことから，企業の外において，公的な機関を中心に，誰が職業訓練を担うべきかを考えていくことが重要な政策課題となる。教育の効果がでるまでには，ある程度の時間がかかることから，これは早急に対処すべき喫緊の課題だ。

　第3に，新しい産業では，情報の活用を中心とした知識労働者が重要な役割をはたすようになる。こうした労働者が高い生産性を発揮して働くことができる環境とは，本人の主体性を尊重した自由な働き方が保障されている環境だ。現行の労働法制は，労働者が従属的な地位にあることを前提とし，企業の権限を制限する規制を設けてきたが，そうした規制（とりわけ労働時間規制）が，かえって労働者が自由に働くことに抑制的に機能している可能性がある。

　一方，ICTの発達で，いつでも，どこでも情報の送受信ができる社会が到来している現在，労働者は，情報を活用して，場所的，時間的な制約を受けずに働くことが技術的に可能となっている。それと同時に，個々人が情報を活用して新たなビジネスを立ち上げることも容易となっており，すでにそうした起業が次々となされている。

　このような就労環境の大きな変化は，従属的な地位で働く労働者の保護という伝統的な労働法の重要性を低下させ，むしろ新たな環境での働き方に対応した法的ルールを必要とするだろう。

図表　ICTの

	端末（入力系）	端末（出力系）
2015	・「白物家電」の半数以上がホームネットワークに接続	
2016	・RFID等のタグ価格が数銭レベルになり，食品品や日常品へのタグの付与が幅広く実現 ・ICタグの回路を印刷で量産する技術が実用化	・センサー技術を駆使した手押し車型の歩行補助器が発売 ・視覚障害者向けガイダンスロボットが実用化 ・介護ロボットが発売
2017	・センサーによる自動車タイヤの状態監視システムが実用化 ・身体，室内に多数のセンサーを配置して，意識にのぼらない運動機能の異常を検知する技術が実用化	・自動走行できる次世代トラクターの量産開始 ・自動走行車の国際基準がまとまる ・国内自動車メーカーが高速道路を自動走行支援する車を発売
2018		・パーソナルな小型のコミュニケーションロボットが登場（5年後） ・老朽インフラを点検するロボットが実用化
2019	・地域ネットワークによる，画像センサー（カメラ）からの地域映像を使った，弱者（高齢者，子供，女性）の見守り支援などの住民サービス	
2020		・用途に応じて形態を変える，人工知能を持った小型電動車が発売 ・全自動走行車のための自律運転システムが実現 ・市街地を走れる自動走行車を実用化 ・国内の約300社がこの年までに100種のロボットを実用化
2021		
2022		
2023	・生活圏内での健康状態を管理するユビキタス生体情報モニタリング技術が実用化	・運動能力をアシストできるアクチュエータ技術（高齢者のQOL改善）
2024	・生活空間に配置された多数のセンサーが人の活動を支援するようになる ・自動車内のセンサーで故障を予知し，事故を回避するシステムが実用化	・精密食味分析ロボットが実用化
2025		・自動走行車が市場に登場する ・このころ（2020-25）人工知能を搭載したインテリジェント住宅が登場，住宅と会話する時代へ ・このころ（2020-25）建設現場で「パワードスーツ」の導入開始
2026		・一般家庭で介護，家事などを支援するロボットが実用化
2027		・災害救助ロボット技術が社会的実装 ・自律型の深海重作業ロボットが実用化
2028		・高齢者の外出を促すアシストネットワークロボットが実用化
2029		・生産工程変更等，複雑な環境変化に対応できる自律型ロボット
2030		・社会に参加できない人の社会参加を可能にする遠隔操作型ヒューマノイドロボット技術が実用化 ・自動走行車が完全自動で走行

出典：総務省「通信自由化以降の通信政策の評価とICT社会の未来像等に関する調査研究」（平成27年）

未来年表

ネットワーク	コンピューティング
	・将棋プログラムの強さがプロ棋士に並ぶ
	・人工知能が大学入試センター試験で高得点をとる
・光ファイバー1本で毎秒10テラビット以上の通信速度が必要に	・囲碁ソフトウエアの棋力が、プロ棋士と肩をならべる（5年後） ・このころ（2014-20）、AIの感情理解、行動予測、環境認識が可能になる（複数の感覚の情報を組み合わせて処理）
・世界のIPトラフィックの年間実行レートは1.6ゼタバイト（1,000エクサバイト）に達する ・モバイル端末の通信量が10倍以上（月1万5900ペタ）に増大	
・5G開始（ネットワークの容量が4Gの1000倍）（データ転送速度は4Gの10〜100倍） ・世界中のデータの約1/3がクラウド・コンピューティングで利用 ・家庭向け10Gbps光加入者系システム	・囲碁ソフトウエアの棋力が本因坊を上まわる ・AIの自律的な行動計画が可能になる（自動走行、農具の自動化、物流ロボット）（行動とプランニング）
	・人工知能が東京大学の入学試験に合格
・1Tbps超の大容量通信技術が社会的に実装	
・盗聴・傍受の自動検出、電波干渉による妨害の回避などによりセキュリティが担保され、安心して使える無線通信が社会的に実装	・AIの環境認識能力が大幅向上する（行動に基づく抽象化）
・国内のインターネット・トラフィック量が100テラビット/秒に達し、ネットワークがICT電力消費の20%を占める	・将棋プログラムはプロ棋士に比べ、圧倒的に強くなる ・AIの言語理解（翻訳、海外向けEC）が進む（言語との紐付け）
・追従運転、自動走行を可能にする自動車—基地局間、自動車—自動車間の通信システムが実用化	
・安全な情報化社会を世界規模で実現可能にする量子暗号が実用化	・人工知能が人間と自然な会話ができるようになる ・2021-40：生物や生体の多様なメカニズムを模倣したコンピューティング・ネットワーク技術の実用化

6 小括

 日本経済は,客観的な状況として,少子高齢化の進行による労働力人口の減少,グローバル化による途上国も含む国際競争の激化,人工知能を代表とする技術革新にともなう第4次産業革命の進行という現象に同時に直面している。労働力人口の減少や国際競争の激化は,経済成長にとってマイナス要因となりうるが,ITのみならず,人工知能やロボティクスなどの新たな技術を十分に活用することにより,競争力を維持していくという道もある。ここで重要なのは,第4次産業革命に乗り遅れないようにするための構造改革に逡巡しないことだ。

 松尾 2016は,ディープ・ラーニングによる認識技術や行動の習熟ができる機械・ロボットといった技術が,労働力人口の減少に対する解決策となるとし,こうした分野は,ものづくりと相性がよく,日本の強みを活かせるとしている。アルゴリズムを製品とすり合わせる世界であるので,言語もハンデにならない,とする。そして,「チャンスを捉えるには,正しく早く動いていくことが重要」とし,具体的な課題として,ディープ・ラーニング人材の育成,事業・産業がどう変わるかを早期に検討すること,社会全体で新しい未来像を描いていくことをあげている。

 こうした提言は傾聴に値するものだ。さらに人工知能などの新技術を中心とした産業システムにチェンジしていくためには,労働政策のほうでも取り組むべき課題がある。本書では,これを,第1に,企業の産業構造の転換を支えるような労働市場の流動化政策の推進,第2に,新しい産業を担う労働力の育成のための人材の再教育や,若者の将来を見据えた教育への積極的な取組み,第3に,新しい産

業に対応した知的創造的な働き方に適合的な労働法制や，ICT を駆使した場所的・時間的な制約のない働き方に適合した労働法制の構築にあると指摘した。

　以下，これらの労働政策上の課題について，検討していくこととする。ただその前に，これまでの労働政策，とりわけそれを実現するために制定されてきた労働法が，どのように歴史的展開を遂げてきたかを確認しておくことが有用だろう。

第 3 章

労働法とは何か

1 労働法の誕生

(1) 第 1 次産業革命と労働法

今日の労働法の源流は、制定法レベルでいうと、1833 年のイギリスの工場法に求めるのが一般的だ（年少労働者に対象が限定されていたが、同じイギリスの 1802 年の「徒弟の健康および風紀に関する法律」に求める見解もある）。世界で最初に産業革命（第 1 次産業革命）を経験したイギリスでは、いち早く機械制大工業が広がり、工場労働の現場における社会問題も早くから生じていた。

（第 1 次）産業革命以前の家内制手工業では、比較的小規模な工場で、職人が分業して労務に従事するという働き方が行われていた。（第 1 次）産業革命は、そうした職人たちの仕事を機械で代替することになり、その結果、職人の多くが、機械のオペレーターとしての単純労務の従事者になった。

たしかに（第 1 次）産業革命は、次々と新たな産業を生み出し（機械製造、製鉄、エネルギー、交通など）、雇用を創出したことも事実だったが、農村から流入してきた労働力は豊富で、労働市場での労働力の供給は過剰だった。このため工場労働者の交渉力は低く、しかも労働環境は劣悪で、風紀は乱れ、健康に支障を来したり、生活が破綻してしまったりする者も多かった。まさに労働者には人的従属

性と経済的従属性が折り重なり，それが深刻な社会問題を引き起こしていたのだ。

工場法は，こうした社会問題に対処すべく，労働者（とくに年少者）の健康などをいかにして守るか，という問題関心から制定された。たとえば，前記のイギリスの工場法は，18歳未満の者の深夜業の禁止と労働時間の上限規制，学業との両立保障，児童労働の禁止，工場監督官制度などが定められていた。

工場法の制定は，労働運動の成果という面もあったが，それと同時に，資本家の人道主義やパターナリズムが背景にあったことも無視できない（後にマルクスやエンゲルスから，空想的社会主義（Utopischer Sozialismus）と批判された初期の社会主義思想家たちは労働者階級出身ではなく，たとえばイギリスの初期の工場法制定に尽力したオーウェン［Owen］は工場経営者だった）。

資本家たちが工場法を支持したのは，適正な労働力の利用による健康な労働力の確保は，継続的に事業を行うために必須であるという厳然たる経営の論理（経済的合理性）があったからだ。労働力を確保し，規律ある労働を重視するという考え方は，労働法の前史ともいえるイギリスの初期の主従法（Master and Servant Acts）などにすでにみられたが，これに長時間労働の規制などの労働者保護施策を取り込んで近代化するなかで，労働法誕生の基盤が形成されていく。

ここで労働者保護を，資本家にゆだねてしまわずに，政府が乗り出すことになったのは，開明的な資本家がどんなに労働者保護に配慮した経営を行っても，近視眼的に利益を追求するその他の資本家が労働力を摩耗させていく危険を除去できなかったからだ。個々の資本家の人道主義やパターナリズムに依存せず，健康に働くことを労働者の権利として保障することは，持続的な経済の発展を望む政府にとっても必要なことだった。

こうみると，労働法は，労働者保護を中心的な理念にすえながら，それをとおして経済の発展の基礎を構築するという性格をもつものであることがわかる。労働法のこのような性格は，現在でも変わっていないと考えられるが，労働者保護のみを強調する論者もいる。労働法が，労働者に種々の権利を与え，使用者に種々の義務を課すという内容をもって展開してきたために，労働者保護以外の要素は労働法にとって夾雑物にみえるからだろうが，それは皮相な見方だ。労働法の誕生は，経済的合理性を考慮することなしでは実現しなかったのであり，労働法の存立を支える基底的な理念に，国家の経済発展にとっての有用性があることを否定するのは困難だ。

(2)　市民革命と労働法

　産業革命とならび，労働法の誕生に，別の観点から重要な役割をはたしたのが市民革命だ。市民革命は，イギリスの清教徒革命（1642年），名誉革命（1688年），アメリカの独立革命（1775年），フランス革命（1789年）などを代表とするもので，市民が，絶対主義的な国家体制を打破して，自由を享受できる社会の実現をめざして起こしたものだ。この市民革命により，市民はギルドなどの共同体的な制約から解放され，その経済活動の自由が保障されることとなった。

　市民革命の主たる目的は，資本主義の発達とともに新たに勃興してきたブルジョワジーの私有財産を保障することにあったが，結果として労働者を身分的隷属状態から解放し，自由で対等な立場で労働力の取引ができるようにもした（身分から契約へ）。

　ただ，同じ市民であっても，生産手段を所有し，経済活動の自由を享受して利益を追求していくことができる資本家と，そうした生産手段をもたず，自らの労働力を提供する以外に生活の手段をもたない労働者との間には，厳然たる格差があった。資本家と労働者と

の間の労働力の取引は,形式的には対等な個人間のものではあるが,実質的にみると,対等な取引とはいえなかった。実際,こうした取引をとおして,前述のような産業革命後の悲惨な就労実態が生み出された。契約の自由は,この実態をオーソライズしこそすれ,制限する法理をもっていなかった。ここに,市民の自由な活動の保障を基本理念とする市民法の限界があった。

こうした資本家と労働者との格差を階級的なものととらえ,その問題を「科学的」かつ根本的に解決しようとしたのがマルクス主義だが,日本をはじめ多くの先進国では,マルクスが考えていたような社会主義への移行は起きず,資本主義の枠内で,新たな法原理(実質的な対等性の実現)をもつ労働法により,この問題に対処していこうとした。

補論　労働法のもう一つの系譜

労働法の系譜として,工場法などの労働者保護のための立法という流れとは別に,もう一つ別の系譜の立法もあった。それが,労働者が自発的に団結して結成した労働組合をとおして,労働条件の維持改善を図ることを保障するものだ。労働組合による活動は,市民革命以前のギルドなどの職能団体が自由抑圧的なものであったことの反省もあり,フランスのル・シャプリエ法(1791年)を典型として厳しく制限されていた(中間団体否認)。しかし,産業革命後の大きな社会変動のなかで,従属労働者の団結による労働組合運動が広がり,その存在を政府も無視できなくなった。こうして徐々に労働組合の活動が承認されていくようになる(政府による弾圧から,放任そして法認へ)。

労働組合の活動(とくに団体交渉,ストライキ)は,個人の自由を基

本理念とする市民法の論理と緊張関係にあったため，これを承認するためには，市民法とは別の論理をもつ法が必要となった。こうして，従属労働者の保護を旗印とする労働法は，工場法による直接的な保護立法とは別に，労働者の自発的な団結である労働組合をとおした自助の権利を保障することも，その内部に取りこんでいくことになる（労働法のこの２つの系譜は，それぞれ以下の個別的労働関係法と集団的労使関係法に対応している）。

このようにみると，労働法の誕生は，社会において保護を要する労働者がいたから実現したといえるほど単純なものではない。歴史的には，（第１次）産業革命以前から，奴隷として働かされる者など，保護を要する労働者は無数に存在していた。今日の労働法は，（第１次）産業革命後の資本主義社会において大量の労働力の調達を必要とする資本家たちのあいだで，労働者を酷使することが，経済的合理性に反し，人道的にも許されないという認識が広がり，市民革命により打倒された絶対王政に続いて誕生した国民国家が，この認識を受け入れたところで誕生したものなのだ。この点は，現在において，労働法の今後を考えていくうえでも留意されるべきポイントだ。

一方，市民革命は，市民を共同体の軛(くびき)から解放し，労働者を身分的隷属から解放したが，新たな法分野である市民法の法原則（契約の自由，私有財産の保護など）は，労働者の従属性という問題に適切に対処することができなかった。そこで国民国家が必要としたのは，市民法を修正し，実質的平等という正義の要請に応える労働法だったのだ。労働法は，経済的自由の保障と制約という相対立する要請が交錯するなかで誕生したこともまた，労働法の今後を考えるうえでのポイントだ（⇒第７章）。

> **コラム** 労働と契約

　労働と契約は，近代社会では一体のものとなっているが，歴史的にはそうではなかった。人類の歴史の大部分において，労働の中心であった肉体労働は，奴隷や農奴が担うものであり，身分的な拘束関係（とくに移動の自由がないこと）をともなうものだった。市民革命は，労働者をそうした拘束関係から解放し，労働関係を身分的関係から契約的関係へと転化させたもので，労働の歴史において革命的な意義があった（もちろん，現代でも，契約なしの労働という現象は根絶されているわけではない。⇒23頁のコラムも参照）。

　1804年に制定されたフランス民法典（ナポレオン法典）では，古代ローマの契約類型（locatio conductio）を再生し，雇用について「louage d'ouvrage（古代ローマでは，locatio operarum）」（労務の賃貸借）という契約類型を用意し，それが今日にも引き継がれている（1780条）。日本の民法もその影響を受けており，民法の規定する13の契約（典型契約）の一つに雇用（民法制定当初は「雇傭」）が含まれている（623条以下）。

　今日では労働が契約により行われることは法的にも明らかだが，その歴史は200年程度のものであることも知っておく必要がある。

2 従属労働論

(1) 従属労働論とは何か？

　従属労働論は，労働法の役割を「使用者の下で経済的ないし人的に従属的に労務を提供する労働者を保護し，使用者との間での実質的平等を実現すること」にあるとする考え方だ。前述のように，労働法の誕生は，従属労働論だけで説明できるものではないが，従属労働論が労働法の基底的な概念であることは言うまでもない。

　とくに指摘すべきなのは，従属労働論の二つの意義だ。

　第1に，契約の当事者間に支配・従属関係があることは，対等な契約当事者を前提とする市民法とは異なる労働法の独自の存在理由を根拠づける意義があった。この点，労働法学の成立に大きく貢献したドイツのジンツハイマー（Sinzheimer）は，労働法は，その対象とする人間像を従属労働者とし，その理念を生存保障とすることにより，市民法とは異なる独立した内実をもつと主張した。ジンツハイマーの従属労働論は，現在にいたるまで，日本や欧州の労働法学者の間で，労働法のレゾン・デートル（存在理由）と解されている。

　第2に，労働者が従属的な状況にあること自体，社会的な保護の必要性があることを示しており，政府が市民法上の契約の自由を制限して法的に介入することを正当化する意義があった。学説のなかには，この意味の従属性があることが，労働者にとって宿命的なものであるとする考え方が，今日でも有力だ。しかし，実態としての従属性は，経済状況や社会情勢の変化に応じて変わりうるものだ。従属性を宿命的で，不可変なものとするとらえ方は，労働法を時代の変化に適合できない硬直的なものにする危険性がある（大内2014b）。

(2) 従属労働論の展開

「使用者の下で経済的ないし人的に従属的に労務を提供する労働者を保護し、使用者との間での実質的平等を実現すること」という従属労働論は、労務の提供過程の特徴を抽象化して示したものだ。それゆえ、第1次産業革命当初の政府の関心の対象であった工場労働者だけではなく、同じような状況下にある他の産業の労働者にも拡張可能なものだった。実際、その後に制定される労働法は、工業だけでなく、他の産業にも広がっていくことになる。

日本でも、1911年に最初に制定された労働法は工場法だったが、その後、他の産業にも広がり、戦後制定された労働基準法は、「職業の種類を問わず」適用される包括的な労働者保護法だ（9条を参照）。もっとも、労働基準法の適用される「労働者」の範囲は、従属的な状況にあり社会的に要保護性のある労働者全般ではなく、職業の種類は問わないものの、「事業又は事務所……に使用される者で、賃金を支払われる者」に限定されていた。つまり、労働基準法で保護の対象とされる「労働者」は、「使用される」という人的従属性のある者に限定されていたのだ。経済的従属性をもって働く者は、通常、人的従属性をもって働いているので、人的従属性を基準としている限り、保護されるべき労働者の範囲が狭すぎることにはならないし、保護の範囲から漏れるタイプの労働者の存在がわかれば、そのときに特別な立法で対処すればよかった（家内労働法がその例だ）。

しかし、人的従属性は希薄だが、経済的従属性があるというタイプの労働者が増えてくると、人的従属性のみを基準とする労働者概念を維持することは、実態に合わなくなる。現にそうした問題が顕在化しているのが、後述の自営的就労者の問題だ（⇒185頁）。

3 日本の労働立法

 日本の労働法のルーツは,前述のように,1911年に制定された工場法に求められ,それが戦後の労働基準法につながっている。第1次産業革命を嚆矢として不断に続く技術革新により,生産現場は大きく変わってきたとはいえ,その後の労働立法は,従属労働論を基本としながら,ほぼ連続性をもって発展してきた。

 ところで,労働政策やそれを遂行するために用いられる法(労働法)が対象とする分野は,通常,次の三つだ。その三つとは,労働市場(労働力の需給のマッチングがなされる分野),企業内の個別的労働関係(企業と個々の労働者との間の労働契約関係),集団的労使関係(労働組合と使用者または使用者団体との関係)だ。

 第1の分野である労働市場を対象とした政策は,一般に雇用政策と呼ばれる分野と重なりあう。第2の個別的労働関係は,労働契約に対して,自由・対等を原則として古典的契約論(民法の一分野)を修正した一連の労働保護法規が適用される分野だ。第3の集団的労使関係は,日本では,企業別組合が中心なので,その多くは企業内関係となり,第2の分野と重なりあうが,労働組合には産業別組合や合同労組などもあるので,必ずしも企業内の労働関係と同一ではない。

 この分類に対応して,労働法も,労働市場を対象とした労働市場法,企業内労働関係を対象とした個別的労働関係法,集団の労使関係を対象とした集団的労使関係法に分けられる。このほか,最近発達してきた法分野として,労働紛争の処理に関係する労働紛争処理法がある。

 このような分類に基づき,労働立法の展開過程をみると,量的に

は，労働市場法の分野が圧倒的に多いが，労働者にとって重要な意味をもつものは，個別的労働関係法の分野に多いことがわかる。それは従属労働論と最も関係が深いのが，個別的労働関係だからだろう。

> **コラム　公務員法は労働法ではない？**
>
> 日本では公務員は約330万人いる（人事院調べ）が，その勤務関係は契約関係ではなく，公法の規制下にある独特のものとされてきたため，労働法ではなく行政法の対象とされている（ただし，非常勤職員問題などは，労働法上の非正社員の問題と近いので，労働法で扱うべきとする見解もある）。
>
> とはいえ，公務員も法的には労働者であることに変わりはない。そのため，公務員法の分野では，労働法規のどの部分が適用除外されるかが明記されており（たとえば国家公務員法附則16条［非現業の一般職国家公務員に対する適用除外］），そこで適用除外されなければ，原則に立ち返って労働法規が適用される。
>
> また公務員に対する争議行為の禁止（国家公務員法98条2項など）は憲法違反ではないかが問題となるのも，公務員も労働者として，憲法28条の保障する団体行動権（争議権を含む）が保障されているから生じる論点だ。争議権が憲法で保障されている以上，下位の法律で制約することは許されないのではないか，ということだ。昭和40年代に，判例は大きく揺れたが，現在の判例の立場は，公務員の争議行為を禁止する法律を合憲とするものだ（全農林警職法事件・最大判昭和48年4月25日〔最重判161事件〕）。ただし，この判断には理論的な問題点がないわけではない（詳細は，「25の疑問」の第17話を参照）。

日本の労働法の歴史—主要な法の制定・改正

(公布された年 [施行された年ではない])

(労働市場法の分野のものは (A),個別的労働関係法の分野のものは (B),集団的労使関係法の分野のものは (C),労働紛争処理法の分野のものは (D) と分類している。法律の名称は略称を用いているものもある)

1945 (昭和 20) 年　労働組合法制定 (C)
1946 (昭和 21) 年　労働関係調整法制定 (C)
1947 (昭和 22) 年　労働基準法制定 (B),労災保険法制定 (B),職業安定法制定 (A),失業保険法制定 (A)
1949 (昭和 24) 年　労働組合法改正 (C)
1958 (昭和 33) 年　職業訓練法制定 (A)
1959 (昭和 34) 年　最低賃金法制定 (B)
1960 (昭和 35) 年　身体障害者雇用促進法制定 (A)
1966 (昭和 41) 年　雇用対策法制定 (A)
1972 (昭和 47) 年　労働安全衛生法制定 (B)
1974 (昭和 49) 年　雇用保険法制定 (失業保険法の改正) (A)
1985 (昭和 60) 年　労働者派遣法制定 (A),男女雇用機会均等法制定 (勤労婦人福祉法の改正) (B),職業能力開発促進法制定 (職業訓練法の改正) (A)
1986 (昭和 61) 年　高年齢者雇用安定法制定 (中高年齢者雇用促進特措法の改正) (A・B)
1987 (昭和 62) 年　労働基準法改正 (B),障害者雇用促進法制定 (身体障害者雇用促進法の改正) (A)
1991 (平成 3) 年　育児休業法制定 (B)
1993 (平成 5) 年　労働基準法改正 (B),パートタイム労働法制定 (A)
1995 (平成 7) 年　育児介護休業法制定 (育児休業法の改正) (B)
1996 (平成 8) 年　労働者派遣法改正 (A)
1997 (平成 9) 年　男女雇用機会均等法改正 (B)
1998 (平成 10) 年　労働基準法改正 (B)
1999 (平成 11) 年　労働者派遣法改正 (A),職業安定法改正 (A)
2000 (平成 12) 年　労働契約承継法制定 (B)
2001 (平成 13) 年　個別労働関係紛争解決促進法制定 (D)

2003（平成15）年　労働者派遣法改正（A・B），職業安定法改正（A），
　　　　　　　　　労働基準法改正（B）
2004（平成16）年　労働組合法改正（C・D），労働審判法制定（D），
　　　　　　　　　高年齢者雇用安定法改正（A・B）
2006（平成18）年　男女雇用機会均等法改正（B）
2007（平成19）年　パートタイム労働法改正（A・B），最低賃金法改正（B），
　　　　　　　　　労働契約法制定（B）
2008（平成20）年　労働基準法改正（B）
2011（平成23）年　求職者支援法制定（A）
2012（平成24）年　労働者派遣法改正（A・B），労働契約法改正（B），
　　　　　　　　　高年齢者雇用安定法改正（A・B）
2013（平成25）年　障害者雇用促進法改正（A・B）
2014（平成26）年　パートタイム労働法改正（A・B），
　　　　　　　　　労働安全衛生法改正（B）
2015（平成27）年　女性活躍推進法制定（A），労働者派遣法改正（A・B），
　　　　　　　　　若者雇用促進法制定（A）

補論　労働法学の課題

　労働法学では，最近でこそ，労働市場法の分野も研究対象とする研究者が増えているが，これまでは，個別的労働関係法と集団的労使関係法の分野を研究対象とする研究者がほとんどだった。それは，労働法の民法からの独自性をいかにして理論的に確立するかが，労働法の存在意義を明確にするためにも重要と解され，それと直接関係するのが，この2つの法分野だったからだろう。また法学の議論で重要とされてきたのは，どのような法律を制定するか（立法論）よりも，既存の法律をどのように解釈すべきか（解釈論）だったが，労働市場法の分野では解釈論上の論点はほとんどなかった。

　こうして労働法の研究者は，制定された法律には関心をもったが，政策や立法そのものを論じることにはあまり関心を向けてこなかっ

た。政策に直接タッチする労働法研究者は、労働政策審議会のメンバーになるごく一部の者にすぎなかったし、アカデミックに政策論を扱うのは、むしろ経済学者など他の学問分野の研究者のことが多かった。

　ただ、労働法の研究者が解釈論の世界に閉じこもることができたのは、社会の変動がそれほど急ではなく、法改正が頻繁になされないため、既存の法律の解釈に専念していてもよかったからだ。最近のように労働立法がさかんになってくると、研究者のアカデミックな関心は徐々に立法論にも向かざるを得なくなる。とくに最近では労働市場法と個別的労働関係法の両方にまたがる法律の制定や改正（前記の分類で（A・B）としたもの）が増え、そこから出てくる解釈論にも難しいものが現れている（たとえば、高年齢者雇用安定法9条1項の定める高年齢者雇用確保措置義務の法的性質）。

　今後、第4次産業革命の進行により、雇用社会が激変し、新たな立法のニーズが高まることが予想されるなか、労働法の研究者に求められる役割として、解釈論よりも立法論の比重がいっそう高まるだろう。立法論となると、解釈論とは違い、法学の独壇場ではないので、関連諸分野の知見を統合していくことが必要だ。そのなかで法学特有の貢献とはどういうものなのかを考えていくことが、労働法学にとっての重要な課題となろう。

4　日本の労働法の展開過程の分析

(1)　基本的な立法の整備

　3でみた労働法の展開過程を細かくみると、そこには時代ととも

に一定の傾向があることがみてとれる。

　まず戦後40年くらいは、労働法の整備が着々と進められた時代だ。労働組合法の制定（1945年）とその改正（1949年）や労働関係調整法の制定（1946年）という集団的労使関係法の整備以外に、1947年の労働基準法、労災保険法、職業安定法、失業保険法、1958年の職業訓練法、1959年の最低賃金法、1960年の身体障害者雇用促進法、1966年の雇用対策法、1972年の労働安全衛生法、1974年の雇用保険法など、の基本立法の整備が進められた。

　これらの法律は、労働基準法の付属法である最低賃金法や労働安全衛生法、あるいは労働市場の規制立法である職業安定法などを除くと、罰則などの強い規制手法は採用されておらず、むしろ労働市場の適正かつ円滑な運用を支えるルールの整備という面が強かった。つまり、初期の立法でも、従属労働者の保護という観点だけでなく、労働力の適正な活用を推進して日本経済の成長を支えるという観点があったということだ。

(2) 解雇制限と労働法

　解雇を制限する法規定は、労働者の経済的従属性の主たる要因となる解雇を制限し、同時に解雇の脅威から生じる人的従属性を制限するという点で、まさに従属労働者の保護の代表的なものだ。

　もっとも、こうした法規定は、どこの国でも労働法の初期段階から成文化されているわけではなく、日本でも1975年に最高裁で解雇権濫用法理として確立し（日本食塩製造事件・最2小判昭和50年4月25日〔最重判47事件〕）、2003年にようやく労働基準法18条の2で成文化されたものだ（2007年以降は労働契約法16条）。

　解雇規制のこのような歴史は、解雇が、企業が経済活動を維持するうえでの経済的合理性があることと関係している。そもそも経済

的合理性からすると，労働力の活用が必要である企業が，無意味な解雇をすることは想定しにくいし，他方，企業経営が著しく悪化したときの余剰人員の整理や，能力不足で生産性が低い労働者の解雇は，むしろ必要なことだった。解雇を一般的な形で制限する立法が，外国でも工場法や初期の労働立法のなかで取り入れられなかったのには，このような事情がある。

日本の労働基準法でも，産前・産後の休業や労災による療養のための休業をしている労働者への特別な解雇制限 (19条) を除くと，解雇の際には 30 日の解雇予告期間を置くこと（または，それに代わる手当を支払うこと）を定めるにとどめ (20条)，解雇の自由を保障する民法の規定 (627条) そのものは修正されなかった。

もっとも裁判所では，1975 年の最高裁判決にいたるまでも，下級審で一定の解雇を権利濫用として無効とする解雇権濫用法理が徐々に形成されていた。そこで濫用とされる不当解雇の典型例は，組合運動に活発に従事する労働者に対する反組合的解雇だった（これは労働組合法 7 条の禁止する不当労働行為にも該当しうるものだった）。こうした解雇は，経済的合理性によるというよりも，組合嫌悪の思想を背景としたものであり，組合活動の自由が保障されている戦後憲法秩序の下では制限されざるをえないものだった。

つまり，解雇権濫用法理は，法秩序に抵触するような解雇は制限する一方，客観的に合理的理由があり，社会通念上相当として是認される解雇は許容するという規範を包含するものだった。実際，最高裁は，この法理を最初に定立した日本食塩製造事件では，ユニオン・ショップ協定 (⇒93頁) に基づく解雇は，客観的に合理的理由があり，社会通念上相当として是認できるので有効となると明言した。

たしかに裁判実務上は，解雇が権利濫用と判断されるケースは少なくなく，解雇は原則として許されないのが判例の立場とする理解

も有力だ。しかし、それは正社員の長期雇用という慣行が定着するなか（とくに1973年の第1次オイルショック以降）、長期雇用への期待が高まり、それに対応して、企業には必要な解雇であっても解雇回避措置をとることが重く課されるようになったという事情によるものだ（⇒85頁）。

このようにみると、解雇権濫用法理には、従属労働者の保護という視点があるのは当然だが、経済的合理性のある解雇は許容するという論理が排除されてはいないことも看過すべきではない。

(3) 従属労働論から雇用政策へ

戦後40年が経過すると、従属労働論による基本的な立法の整備はほぼ終わり、新たな政策課題に対応するための立法が進められていく。戦後の労働市場法の基本だった、職業安定法上の労働者供給の禁止や労働サービス事業の国家独占の原則に風穴を開けた1985年の労働者派遣法、保護の対象だった女性労働者に対して新たに男性との均等政策を導入した男女雇用機会均等法、労働力人口の高齢化に備えた1986年の高年齢者雇用安定法が、その典型だ。

さらに1985年の職業能力開発促進法の制定や1987年の障害者雇用促進法の制定なども含めると、この時期頃から、生産現場で従属的に働く労働者の保護という視点より、労働市場におけるマッチングの向上や労働市場における弱者のサポートという新たな雇用政策の視点が、より強く打ち出されるようになる。

なお、1987年の労働基準法の改正は、労働時間規制の強化が中心であり、これは結果として従属労働者の保護につながるものだったが、法改正の推進力となったのは、急速に国際的なプレゼンスを高めた日本への外圧だった（男女雇用機会均等法の制定の契機も、女子差別撤廃条約に批准するための国内法整備という外的要因だった）。

その後の立法も，従属労働者一般の保護というより，特定の労働者のニーズに応えるという目的のものが相次いだ。1991年の育児休業法，1993年のパートタイム労働法，1995年の育児介護休業法，1997年の男女雇用機会均等法改正，1999年と2003年の労働者派遣法と職業安定法の改正，2000年の労働契約承継法，2006年の男女雇用機会均等法改正，2007年のパートタイム労働法と最低賃金法の改正，労働契約法，2011年の求職者支援法，2012年の労働者派遣法，労働契約法，高年齢者雇用安定法の各改正，2014年のパートタイム労働法改正，2015年の女性活躍推進法，労働者派遣法改正，若者雇用促進法などだ。

　その間にも，労働基準法や労働安全衛生法の改正が数度あり，また2001年の個別労働関係紛争解決促進法の制定，2004年の労働審判法の制定と労働組合法の改正（不当労働行為救済手続の迅速化と適正化）など，従属労働者一般の保護（手続的保護を含む）を図る法整備も進められた。

(4) 従属労働論の拡大

　従属労働論は，立法による規制がなされていない事項についても，判例をとおして適用されることがあった。それが，一連の労働契約法理だ（その一部は現在，労働契約法に取り入れられている）。その代表が前記の解雇権濫用法理だが，他にも，安全配慮義務（現在は労働契約法5条）や，そこから派生して発展してきた健康配慮義務や職場環境配慮義務，労働者の人格的利益の保護（一連のハラスメント法理），雇止め制限法理（現在は労働契約法19条），労働者の損害賠償責任の制限法理，労働者の権利放棄の効力の制限などがある。

　労働契約法理のなかには，就業規則の法理のように従属労働論とは関係はあるが，労働者保護と直接関係しないものもある（現在の労

働契約法7条,10条)ものの,その多くは労働契約における構造的な従属性に着目して労働者を保護しようとする内容のものだ。いずれにせよ,個々の事例で正義の実現を目指す判決の積み重ねから構築された労働契約法理は,明確なルールを定立したものというより,その解釈や適用において裁判官の裁量的な価値判断にゆだねるという性格が濃厚であり,結果として従属労働論がストレートに投影されやすい。つまり公労使三者構成での検討を経てなされる立法とは違い,経済的合理性への配慮が後退し,従属労働論が「一人歩き」しやすい土壌が,労働契約法理にはあるのだ。

また,従属労働論があてはまる支配・従属の関係の範囲は,契約関係が複雑になってくるとあいまいになることが少なくないが,そのときも,できるだけ広くとらえる傾向にあった。これは,具体的には,場所的な拘束性が弱かったり,指示された仕事に諾否の自由があるなど,人的従属性が希薄な働き方をしている者に対してどこまで従属労働論があてはまり,「労働者」と性格づけることができるかという形で問題となった。

契約形式上,雇用契約や労働契約といった名称が採用されておらず,さらに実務上(労働法,社会保障法,税法との関係)雇用労働者として扱われていない場合であっても,そのことが労働者性を否定する決め手になるわけではない。実態として人的従属性を認めることができれば,労働者として扱うということに異論はなかった。

とくに労働組合法上の労働者(3条)の範囲には,労働組合を結成して契約の相手方と対等に交渉できるようにする必要があるかという観点から,比較的広くとらえるべきとする考え方が一般的だ。最高裁も,2012年以降に立て続けに出した3つの判決で,いずれも雇用契約とはいえない特殊な業務委託契約で働く者について,事業の遂行に不可欠な労働力として組み入れられていたなどの事情に言及

して，労働者性を肯定している（新国立劇場運営財団事件・最3小判平成23年4月12日，INAXメンテナンス事件・最3小判平成23年4月12日〔最重判138事件〕，ビクターサービスエンジニアリング事件・最3小判平成24年2月21日）。

　従属労働論のあてはまる範囲という点からは，もう一つ，労働契約の当事者ではない者も，労働法上の使用者としての責任を負うことがあるかという問題もある。これについては，とくに社外労働者を受け入れている企業や，企業組織の再編の中で事業を継承した企業などが，形式的には労働契約関係のない労働者に対してどこまで使用者としての責任を負うかという形で議論されてきた。

　実際の紛争では，法人格否認の法理，黙示の労働契約，解雇権濫用法理の類推適用などの解釈手法を活用して使用者の範囲を実質的に拡大することにより事案に沿った妥当な解決が模索された。また，団体交渉に応じなければならない使用者の範囲（労働組合法7条）については，判例によって「基本的な労働条件等について，雇用主と同視できる程度に，実質的かつ具体的な決定力をもつ」場合には，雇用主と同じ責任を負うといった法理が展開されてきた（朝日放送事件・最3小判平成7年2月28日〔最重判179事件〕）。

　このように従属労働関係の認められる範囲（すなわち，労働法の適用される範囲）は，労働者概念や使用者概念の操作によって，労働者の要保護性を実質的に考慮しながら画定されてきた。こうした動きも，従属労働論の拡張の一種だろう。

用語解説　法人格否認の法理，黙示の労働契約

　法人格否認の法理とは，労働者と労働契約を形式的に締結している企業の背後に実質的な支配者がいる場合で，労働契約関係から生じる使用者としての法的責任を，形式上の使用者である企業に追及するだけでは正義が実現できないという場合に，実質的な支配者に対して責任を追及することを認める法理だ。この法理の法律の条文上の根拠はない（あえていうなら，民法1条2項の定める信義誠実の原則である）が，判例上定着したものだ。法人格否認の法理が適用されるのは，支配されている企業の法人格が形骸化している場合，または法人格が支配側の者によって濫用されている場合だ。親子会社関係がある場合において子会社の法人格が否認されて，子会社の従業員の使用者としての責任が親会社に課されるというのが，この法理が適用される典型パターンだ。

　一方，黙示の労働契約とは，企業に対して，ある労働者との間で労働契約が黙示的に成立しているとして，使用者としての責任を課すものだ。労働契約の成立要件は，使用されて労働し，これに対して賃金を支払うことについての合意があることだ（労働契約法6条）が，この合意は明示のものである必要はなく，黙示であってもよい。黙示の合意があったかどうかの事実認定は，しばしば難しいものとなり，労働契約の成立を認めたほうがよいという価値判断から，その成立を肯定するということも起こりえた。たとえば労働者派遣において，派遣労働者は，派遣会社との間に労働契約があるが，派遣先の指揮命令を受けて就労していることから，派遣先との間で黙示の労働契約が成立しているかが争われることがあり，とくに違法派遣の場合には派遣先が派遣労働者を雇用すべきという価値判断から黙示の労働契約を肯定する見解もある。しかし，これは事実判断と価値判断を混同したものであり適切ではない。実際，判例は，黙示の労働契約の成立を否定したものがほとんどだ（たとえば，パナソニックプラズマディスプレイ〔パスコ〕事件・最2小判平成21年12月18日〔最重判15事件〕）。

(5)　従属労働論の変容？―格差是正論―

　さらに近年注目されるのは，非正社員の処遇（労働条件の低さや雇用の不安定性）を改善することを目的とした立法だ。2007年および

2014年のパートタイム労働法の改正, 労働者派遣法の2012年改正, 労働契約法の2012年改正など, インパクトの大きい法改正が相次いでいる。

こうした立法では, 非正社員の処遇の改善について, 企業との間の従属関係に着目して実質的平等の実現を図るというより, 正社員との較差を縮小すること（具体的には, 労働条件の均等・均衡, 有期契約の雇止めを解雇と同視すること, パートタイムからフルタイム・有期から無期・派遣から直用への転換など）を通して, 正社員との間の平等の実現を図ろうとしているところが特徴的だ。

こうした立法は, 従属労働論の観点からとらえるよりも, 正社員を標準モデルとし, それからの逸脱を問題とするという新たなタイプの労働法が登場したと理解するほうが適切かもしれない。

5　小括

本章では, 今後の労働政策を考えていく際の前提的考察として, まずこれまでの労働法の展開過程を振り返って検討した。

労働法は, 第1次産業革命後に広がった工場での従属的な働き方をする労働者に着目し, そうした労働者の保護を目的として誕生したものだが, 市民革命後に新たに成立したブルジョワジー主体の国家が, こうした立法に応じたのは, 労働運動の成果というだけではなく, 資本家の人道主義やパターナリズムなどに加え, 経済の発展の基礎を築くうえで必要とされるものだったからだ。

労働法の規制としての特徴は, 市民革命で享受できるようになった市民的自由（契約の自由など）を制約することにあったが, そのことを正当化したのが従属労働論だった。さらに, 従属労働論は, 工場労働者だけでなく, 同じような状況で従属労働に従事する労働者

すべての保護を目的として大きく展開していった。これは欧州大陸法系の国では、ほぼ共通してみられる現象であり、日本も同様だった。

　日本の労働立法の展開をみると、まず労働契約関係における労働者の従属性に着目した従属労働論に基づき基本的な法整備がなされたが、それは経済的合理性によっても支えられていた。その後、労働市場全体に対象を広げて法整備が進み、さらにさまざまなカテゴリーの労働者にターゲットを絞った立法がなされてきた。立法でカバーされていないところでは、判例が従属労働論をベースに労働契約法理で補充したが、そこでは裁判官の裁量的な価値判断をとおして、従属労働論が一人歩きしやすい土壌があった。

　その一方で、最近の立法の特徴は、非正社員と正社員の格差に着目して、その是正を図る立法が増えていることであり、これまでの従属労働論とは違った傾向もみてとれる。

　こうした日本の労働立法の流れは、第4次産業革命に直面し、産業構造も就業構造も大きく変容を遂げようとするなかで、どう変わって行くのだろうか。少なくとも生産の現場は、ITの浸透、人工知能の発達などの新しい現象により大きく変わっていくことは必至だ。このことは、おそらくは従属労働論の変質をもたらし、労働法にも何らかの変化を求めることになろう。ではそれは、これまでの労働法となお連続性があるのか、それとも、これまでとの連続性のない、まったく新たなパラダイムの労働法となるのか。

　その答えは、おそらく短期的なタームで考えるか、長期的なタームで考えるかによって異なるだろう。長期的なタームで考えると、従属労働から自営的就労へ、さらには脱労働という流れが予想される。しかし、ここではまず短期的なタームでの変化からみておくこととしたい。そこで着目すべきなのは、正社員の働き方だ。最近の

格差是正立法にも，正社員を標準とする考え方がみられる。こうした考え方が，どのような背景で生まれてきたのか，それが第4次産業革命が進行する社会において，どのようになっていくのかについて，次章で検討を加えることとする。

補論　日本国憲法と労働法

　労働法の各分野は，それぞれ日本国憲法に理念的根拠をもっている。労働市場法は，27条1項の保障する国民の勤労の権利の保障，個別的労働関係法は，27条2項の定める賃金，就業時間，休息その他の勤労条件に関する基準の法定の要請，集団的労使関係法は，28条の定める団結権，団体交渉権，団体行動権（労働三権，労働基本権）の保障だ。これらの憲法上の権利の根底には，国民の生存権の保障の理念もある（25条）。

　さらに，このように労働に直接関係する権利以外に，個人の尊厳，自己決定権，幸福追求権といった広い射程をもつ権利（13条）も，労働法の理念的根拠に加えようとする見解も有力だ。後述のキャリア権（⇒131頁）となると，教育を受ける権利（26条1項）とも関係してくる。

　労働立法の誕生や展開を支える理念に経済的合理性を考慮に入れる本書の発想に対しては，政府が労働立法をすることは，憲法上労働者の権利として保障されている以上，そこに資本家や経営者の経済的利益を考慮に入れる必要はないとする反論もありうる。

　しかし憲法は，経済活動の自由を保障していることもまた事実であり（22条，29条），そうした自由は公共の福祉による制約は受けるものの，資本家や経営者に経済活動の自由があることを無視した議論は，正しい憲法論とはいえないだろう。

いずれにせよ,憲法をもちだすだけで,政策の方向性が一義的に決まるというものではないし,憲法の抽象論をもちだして議論することは,少なくとも政策を具体的に検討していく際にはかえって有害となる危険性があることにも留意する必要がある。

第 4 章

正社員論―第 2 の労働法―

1 正社員はなぜ存在するのか？

「正社員」は，労働や人事のことを語るときに普通に使われる言葉だが，その定義ははっきりしていない。法律上も，正社員という言葉は用いられていない。文字どおりにいうと，「正しい」社員ということだが，社員を正しいかどうか論じるための法的な基準はない（なお，会社法上は社員とは株主をさすが，労働法上は従業員のことをさす）。

このように厳密な定義は困難だが，少なくとも正社員という言葉から多くの論者が想定するのは，労働契約の期間の定めのない無期雇用の労働者だろう。期間の定めがなく，定年までの雇用が想定されている長期雇用の労働者が正社員の典型イメージだ。

こうした労働者は，一つの企業に長期的に雇用される存在なので，その企業共同体の正規のメンバーのような地位をもっている。正規の社員，すなわち正社員と呼ばれるようになったのは，このためだろう。

日本的経営の三つの柱として，かつてよく終身雇用，年功型処遇，企業別組合があげられたが，これらの三つはいずれも正社員にあてはまるものだった。つまり，正社員こそが，日本の労働者のメインストリームにいたのだ。

この正社員という「制度」が，技術の発達に対する企業のアダプ

タビリティ（適応性）を高めてきたことは，すでに述べたとおりだ（⇒12頁）。産業の発達の歴史は，技術革新の歴史だ。技術の発達は必然的に衰退する部門と成長する部門をうみだし，それに対応するために，人材を衰退部門から成長部門に移行させていくことも必要となる。これが「人材の再配置」だ。

人材の再配置を企業内で実現することができれば，解雇や失業の問題は生じない。企業内での再配置は，労働者の技能が陳腐化しても，教育訓練により，新しい技能を習得させて，その労働者を活用し続けることだ。第1章でもみたように，日本の企業に，正社員という長期雇用の人材がいるのは，こうした企業内での再配置をするのに好都合だったし，むしろ，こうした再配置を可能とするために，正社員という存在を設けているともいえた。

2 正社員を軸とする企業人事

企業としては，技術の発達により新たな技能が必要となったとき，その都度，外部市場から労働力を調達するのでは，いざ人材が必要なときに，タイミングよくみつからないおそれがある。そうしたリスクを避けるためには，優秀な人材をできるかぎり抱え込んでおいたほうがよい。しかも，技術の発達を想定すると，すべての人材が，特定の専門的な技能に秀でている必要はなく，とくに若い人材には，今後の技術の発達に対応できるような潜在的な能力が高いことのほうが重要だ。日本企業が，新卒の低技能労働者を採用し，企業内でさまざまな職務を経験させ，能力を向上させていく人事戦略をとったのは，そのほうが外部から人材を調達するよりも，安定的に優秀な人材を確保でき，技術の発達にも対応しやすかったからだ。これが正社員という存在が生まれてきた企業側の理由だ。

もっとも，こうした正社員としての地位は，労働者にとっても魅力的なものでなければならなかった。勤続年数の短い若い正社員には，訓練中であっても，企業は賃金を支払い続けるので，その費用は企業の持ちだしとなっている。その費用を回収するためには，労働者に途中で辞められては困る。しかし，無期雇用の労働者には退職（辞職）の自由があるので，企業は退職を直接的に制約することはできない。そのため，企業は，正社員が辞めないようにするための人事上の仕組みを設ける必要があった。

用語解説　労働者の辞職の自由

　民法627条1項は，「当事者が雇用の期間を定めなかったときは，各当事者は，いつでも解約の申入れをすることができる。この場合において，雇用は，解約の申入れの日から2週間を経過することによって終了する」と定めている。これは，無期労働（雇用）契約における解約の自由を定めた規定だ。使用者からの解約である解雇については，労働法により規制がある（労働契約法16条）が，労働者からの解約である辞職については，規制を受けないままだ。企業が就業規則等で，無期雇用の労働者の辞職の自由を制限しても（たとえば，企業の承諾なしに退職することはできない旨の条項を設けても），それは公序良俗に反して無効だ（民法90条）。

　また，労働者が退職をした場合において違約金等の支払いを合意することも許されない。これはとくに人身拘束の弊害をもたらしやすいので，労働基準法16条で，罰則付き（119条1号）で禁止されている。

　一方，有期雇用については，期間の満了までは辞職することは原則として許されない。例外は「やむを得ない事由」がある場合だけだ（民法628条）。有期雇用には，このような期間中の拘束性があるので，労働基準法は，その期間については原則として3年までとしている（14条）。

　その一つが，労働者が企業の指示どおりまじめに働いているかぎ

り，雇用を保障することだ。法的には，すでにみたとおり解雇権濫用法理により，企業の解雇は制限されている（現在は労働契約法16条）が，最高裁で解雇権濫用法理が確立する1975年よりも前から，企業はいわば暗黙の約束として，定年までの雇用保障をしてきた。こうした雇用保障を受けた労働者が正社員なのだ。

用語解説　定年

　正社員は，定年まで勤務しなければならないと誤解している人がときどきいるが，法的には，労働者は，定年前のいつでも，自らの意思で一方的に辞職することができる（民法627条）。定年とは，企業からみて，その年齢までは従業員の雇用を保障するが，その年齢に到達したときには，退職してもらうという制度であって，従業員が途中で辞職することは制約されていない。定年を設けるかどうかは企業の判断で自由に決めてよい。ベテランの人材の活用が必要な中小企業では，定年を設けていないところもある。

　定年は，高年齢の労働者に職と収入を失わせる効果をもつものだ。そのため，公的年金制度との接続性が考慮されてきた。高年齢者雇用安定法8条では60歳未満の定年は禁止されているし，同法9条は定年後も65歳（2025年4月以降。それまでは経過措置で段階的に60歳から引き上げられている）まで，定年延長，継続雇用，定年撤廃のいずれかの雇用確保措置を講じることが，企業に義務づけられている。

　定年は一定の年齢に到達した高齢者を強制的に退職させるから，年齢差別だという主張もかつてはあったが，現行法は定年を合法としているし，年齢差別という主張も最近ではあまり聞かれなくなった。定年にはたしかに雇用の強制的な終了機能があるが，解雇規制とあいまって定年までの雇用保障という機能もあるので，トータルでみると労使双方にとり合理的な制度だ。そのため日本の正社員制度における重要な構成要素となっている（アメリカのように雇用保障がない国で，定年を年齢差別とするのとは，日本は状況が異なる）。

　定年がなければ，以下にみる年功型賃金の維持は困難だし，雇用の保障も困難だ。ただ，労働力を外部市場から調達し，賃金も市場相場とし，企業内での人材育成をしないというスタイルが一般化して，現在の正社員制度が変容すれば，

図表　定年制の有無，定年制の定め方別企業割合　　（単位：％）

企業規模・産業・年	定年制を定めている企業[1]	定年制の定め方			定年制を定めていない企業
		一律に定めている	職種別に定めている	その他	
平成27年調査計	92.6	(100.0)	(98.1)	(1.7)	(0.3)	7.4
1,000人以上	99.7	(100.0)	(93.3)	(5.8)	(1.0)	0.3
300〜999人	99.3	(100.0)	(95.3)	(4.6)	(0.1)	0.7
100〜299人	97.7	(100.0)	(97.4)	(2.4)	(0.3)	2.3
30〜99人	90.2	(100.0)	(98.7)	(1.0)	(0.3)	9.8
鉱業，採石業，砂利採取業	99.3	(100.0)	(100.0)	(-)	(-)	0.7
建設業	92.3	(100.0)	(99.5)	(-)	(0.5)	7.7
製造業	97.8	(100.0)	(99.9)	(0.1)	(0.0)	2.2
電気・ガス・熱供給・水道業	97.8	(100.0)	(97.5)	(2.5)	(-)	2.2
情報通信業	98.8	(100.0)	(100.0)	(-)	(0.0)	1.2
運輸業，郵便業	98.0	(100.0)	(96.1)	(1.5)	(2.4)	2.0
卸売業，小売業	90.0	(100.0)	(99.0)	(0.9)	(0.1)	10.0
金融業，保険業	99.2	(100.0)	(96.4)	(1.8)	(1.8)	0.8
不動産業，物品賃貸業	94.7	(100.0)	(97.5)	(2.1)	(0.3)	5.3
学術研究，専門・技術サービス業	97.8	(100.0)	(99.6)	(0.4)	(-)	2.2
宿泊業，飲食サービス業	78.0	(100.0)	(100.0)	(0.0)	(-)	22.0
生活関連サービス業，娯楽業	87.5	(100.0)	(99.3)	(0.7)	(-)	12.5
教育，学習支援業	94.4	(100.0)	(82.9)	(16.8)	(0.2)	5.6
医療，福祉	90.0	(100.0)	(95.3)	(4.7)	(-)	10.0
複合サービス事業	100.0	(100.0)	(98.2)	(1.8)	(-)	-
サービス業（他に分類されないもの）	89.0	(100.0)	(98.8)	(1.2)	(-)	11.0
平成27※年調査計[2]	92.1	(100.0)	(99.0)	(0.7)	(0.3)	7.9
26	93.8	(100.0)	(98.9)	(0.7)	(0.4)	6.2
25	93.3	(100.0)	(98.4)	(1.2)	(0.4)	6.7
24	92.2	(100.0)	(98.8)	(1.0)	(0.2)	7.8
23	92.9	(100.0)	(98.9)	(1.0)	(0.2)	7.1

注：平成26年調査以前は，調査対象を「常用労働者が30人以上である会社組織の民営企業」としており，また，「複合サービス事業」を含まなかったが，平成27年調査から「常用労働者が30人以上である民営法人」とし，更に「複合サービス事業」を含めることとした。
1）　（　）内の数値は，「定年制を定めている企業」を100とした割合である。
2）　平成27※年調査計は「常用労働者が30人以上である会社組織の民営企業」で，「複合サービス事業」を含まない集計であり，時系列で比較する場合には，こちらを参照されたい。
出典：厚生労働省「平成27年就労条件総合調査」

おのずから定年制もなくなっていくだろう（定年制については,「25の疑問」の第19話,定年制と年功型賃金との関係については,「25の疑問」192頁の用語解説2）を参照）。

　正社員を長期勤続させるための第2の仕組みが,年功型賃金だ。正社員の賃金は,すでにふれたように,特定の職務に関連づけられていない。そもそも職務は労働契約上限定されておらず,賃金は勤続年数に比例して増えていく。企業にとって重要なのは,とくに勤続年数が短いあいだは,どのような職務に従事しているかにかかわらず,企業が命じるさまざまな職務に従事するのに必要なジェネラリストとしての職務遂行能力を向上させていることだ（⇒12頁）。

　企業は,労働者がそのときどきで指示した職務に忠実に従事しているかぎり,職務遂行能力が向上したものとみなし,そうして向上していく能力に対して賃金を支払う（職能給）。もちろん,労働者のパフォーマンスには個人差があるが,どのような職務に従事させるかについて,企業側に広範な権限がある以上,かりにそこでのパフォーマンスが低くても,それがすべて労働者の責任だとは言いにくい。能力不足による解雇がめったに行われない（あるいは行っても裁判所で有効と判断されにくい）のは,こうした理由からだ。むしろ能力不足による解雇を行うと,他の正社員のモチベーションが下がり（企業が不当に従業員に責任転嫁しているように感じられる）,全体の生産性を引き下げてしまう可能性が高い（守島=大内 2013・184頁以下）。

　年功的に運用されている職能給システムのもとでは,正社員は長く働いたほうが得だ。一方,勤続年数が長くなるほど,正社員の技能は,企業内で受けた特有の訓練の影響をより大きく受けるようになる。このことは,その正社員が移籍して別企業で勤務しても,移

籍前の年功型賃金と同程度の賃金がもらえる可能性が低いということだ(企業特殊熟練の問題)。移籍先の企業で求められる技能は，必ずしも移籍前の企業が求めていたものと同種とは限らないからだ。こうなると，企業内で人材を育成していくというシステムそのものが，その企業での長期勤続を誘発していることになる(逆にいうと，労働市場の流動化を損ねているということだ)。

さらに退職金制度の機能も見過ごすことができない。退職金は，法律上の義務ではなく，企業が任意に設ける制度だが，多くの企業はこの制度を設けている。その理由の一つは，退職金制度を，正社員の長期勤続へのインセンティブとして活用することができるからだ。退職金の算定方式は，各企業で独自に定めることができるが，勤続年数に比例して上昇していくのが一般的なのもそのためだ。税制上も，勤続20年を超えている労働者の退職金は優遇されている(退職所得控除[所得税法30条3項])。

なお，多くの企業では，懲戒解雇がされた場合や懲戒解雇に相当する非違行為があった場合には，退職金を支給しないとする条項を退職金規程に設けている。裁判例上も，これまでの功労を無にしてしまうような非違行為があった場合には，退職金を支払わないとする取扱いを有効としている。このように退職金制度は，長年の勤続に対する功労報償としての意味をもつと同時に，その裏返しとして，企業に重大な迷惑をかけるような行為をした者には不支給とするというペナルティとしても活用されているのだ。

いずれにせよ，長期雇用の保障，年功型賃金，退職金制度(プラス懲戒解雇の場合の不支給規定)は，正社員にできるだけ長くまじめに勤務してもらうようにする仕組みといえるのだ。

図表　退職給付（一時金・年金）制度の有無，形態別企業割合（単位：%）

企業規模・産業・年	退職給付（一時金・年金）制度がある企業[注]		退職一時金制度のみ	退職年金制度のみ	両制度併用	退職給付（一時金・年金）制度がない企業
計	75.5	(100.0)	(65.8)	(11.6)	(22.6)	24.5
1,000人以上	93.6	(100.0)	(23.0)	(28.9)	(48.1)	6.4
300〜999人	89.4	(100.0)	(31.5)	(27.2)	(41.3)	10.6
100〜299人	82.0	(100.0)	(56.0)	(14.0)	(30.0)	18.0
30〜99人	72.0	(100.0)	(74.1)	(8.6)	(17.3)	28.0
鉱業，採石業，砂利採取業	91.0	(100.0)	(73.6)	(11.1)	(15.3)	9.0
建設業	91.5	(100.0)	(59.9)	(12.1)	(28.0)	8.5
製造業	86.6	(100.0)	(67.7)	(10.8)	(21.5)	13.4
電気・ガス・熱供給・水道業	96.3	(100.0)	(50.0)	(12.3)	(37.8)	3.7
情報通信業	76.9	(100.0)	(47.6)	(16.7)	(35.7)	23.1
運輸業，郵便業	60.0	(100.0)	(61.3)	(11.6)	(27.1)	40.0
卸売業，小売業	82.3	(100.0)	(62.2)	(14.3)	(23.5)	17.7
金融業，保険業	89.2	(100.0)	(43.4)	(17.3)	(39.3)	10.8
不動産業，物品賃貸業	76.9	(100.0)	(68.5)	(9.1)	(22.3)	23.1
学術研究，専門・技術サービス業	83.3	(100.0)	(62.7)	(12.9)	(24.3)	16.7
宿泊業，飲食サービス業	52.6	(100.0)	(80.6)	(7.4)	(12.0)	47.4
生活関連サービス業，娯楽業	53.0	(100.0)	(67.7)	(10.1)	(22.3)	47.0
教育，学習支援業	74.4	(100.0)	(85.6)	(11.3)	(3.1)	25.6
医療，福祉	50.1	(100.0)	(89.4)	(6.5)	(4.1)	49.9
サービス業（他に分類されないもの）	62.0	(100.0)	(77.3)	(6.7)	(15.9)	38.0
平成20年	83.9	(100.0)	(55.3)	(12.8)	(31.9)	16.1

注：( ) 内の数値は，退職給付（一時金・年金）制度がある企業に対する割合である。
出典：厚生労働省「平成25年就労条件総合調査」

図表 解雇における退職金の支給状況 (単位：(社)，%)

区 分	諭旨解雇				懲戒解雇			
	規模計	1,000人以上	300～999人	300人未満	規模計	1,000人以上	300～999人	300人未満
合　計	(116)100.0	(39)100.0	(37)100.0	(40)100.0	(166)100.0	(58)100.0	(51)100.0	(57)100.0
全額支給する	38.8	41.0	54.1	22.5				
一部支給する	18.1	25.6	13.5	15.0	0.6			1.8
全額支給しない	3.4		5.4	5.0	69.3	79.3	72.5	56.1
退職金制度なし	19.0	2.6	16.2	37.5	16.3	5.2	13.7	29.8
その他	20.7	30.8	10.8	20.0	13.9	15.5	13.7	12.3

注：「退職金制度なし」には，前払い退職金や確定拠出年金を採っている場合を含む。
　　「その他」は，"ケースにより異なる""一部または全部を支給しない""減額することがある"
　　"懲戒委員会にて決定する"など。
出典：「労政時報」3829号（2012年）

3　正社員制度を補完する労働契約法理

(1) 正社員の特権

　ここまでみてきた雇用の安定，賃金の安定的上昇，退職金の付与は，正社員となることにより，当然に認められる「特権」だ。ただし，その代償もある。それが，企業の広範な人事権（職務変更など）に服するなど，正社員特有の拘束的な働き方をしなければならないことだ。しかし，こうした負担は，正社員の「特権」によって十分に補償されるものでもある。その意味で，正社員制度は，その「特権」の面に着目すると，実質的には，労働者の保護に大きく貢献しており，「第2の労働法」と呼ぶこともできるだろう。

　近年の労働立法では，第3章でみたように，正社員と非正社員の格差の是正を目的とするものが少なくないが，このことは非正社員

にも，第2の労働法を適用する試みともいえる。

もちろん労働法における制定法の基本は，労働基準法や労働組合法だ（いわば「第1の労働法」）。どちらの法律も，労働者は包括的な概念であり（労働基準法9条，労働組合法3条），そのなかに正社員と非正社員という区別はなかった。ただ，制定法の範囲外で判例により展開してきた労働契約法理のなかには，正社員を想定したものが少なくなく，企業が発展させてきた正社員制度と補完的な関係にあった。そこで以下，その内容をみていくことにしよう。

(2) 解雇法理

労働契約法理の代表例が，本書でも何度かとりあげてきた解雇権濫用法理だ（⇒65頁以下）。この法理は，前述のように（⇒66頁），従属労働者の保護という観点からも正当化できるものだ（労働者の生存権の保障，人格権の保障，継続的契約の安定性の要請など）が，すべての労働契約に普遍的にあてはまるものではない。

解雇制限を根拠づける労働者の要保護性は，次のようなより具体的な要請に求められるべきだ。一つは，解雇はそれがなされると，労働者は職を失い大きな不利益を被るので，制限すべきというものだ。ただ，この点だけであれば，労働市場の流動化が進めば，解雇による不利益は小さくなり，解雇制限の必要性も低下する。

もう一つは，企業が正社員の長期雇用を保障しようとすれば，正社員に対して長期雇用の期待を発生させ，その期待を裏切るような解雇はできるだけ回避すべきというものだ（大内2013・172頁）。

その意味で，解雇がどこまで制限されるべきかは，労働市場の流動化の状況に加え，個々の企業における長期雇用への期待とかかわる制度や慣行がポイントとなる。これまでの日本型雇用システムでは，正社員のもつ長期雇用への期待は保護に値する正当なものであ

り，その期待と連動している解雇権濫用法理は，正社員制度を補完する重要な役割を担ってきた。

補論　解雇権濫用法理の拡張

解雇権濫用法理は，無期雇用の正社員の解雇を制限するものだが，判例は，厳密な意味では解雇に該当しないケースにまでその法理を及ぼし，正社員の雇用保障を図ってきた。たとえば正社員で採用した労働者を，試用期間から本採用に移行することを拒否することも，試用期間段階ですでに労働契約（本契約）が成立しているとして解雇と同視し，解雇を制限する法理を適用した（三菱樹脂事件・最大判昭和48年12月12日〔最重判18事件〕。1975年に解雇権濫用法理が構築されるまえの判決だが，この法理の先駆的な意味をもつものだった）。さらに，採用内定の取消についても，入社前なので解雇とは言いがたかったが，採用内定時点で労働契約が成立しているとし，それ以降の採用内定取消は解雇と扱った（大日本印刷事件・最2小判昭和54年7月20日〔最重判20事件〕）。このように，判例は正社員の長期雇用慣行は，採用内定のときから始まっているとして，その段階から雇用保障を図ってきたのだ。

また実際上は解雇猶予機能をもつ傷病休職の期間満了時における自動退職扱いについて，従前の職務に復職できない場合でも，その企業内で現実的に配置可能な職務があれば，雇用を継続することを義務づけてきた（JR東海事件・大阪地判平成11年10月4日〔最重判41事件〕）。長期雇用の途中で傷病などが原因で一時的に勤務ができなくなるのは，企業としても当然想定すべきなので，簡単には雇用の終了を認めてこなかったのだ。

(3) **配転法理**

　正社員に対する弾力的な職務変更を可能としてきたのが，配転の法理だ。代表的な裁判例が，日産自動車村山工場事件判決だ。この事件は，生産体制の変更によって，従来の技能が使えなくなった正社員を解雇せずに，配転して雇用を維持しようとした企業の行動が，法的にどのように評価されるのかが問題となったもので，技術革新の雇用へのインパクトを考えるうえでの格好の教材だ。

　この事件は，ある自動車工場で，企業がこれまでの生産車種を変更することにしたため，熟練工員に対して，これまで長年従事していた職務とは違う職務に異動を命じたことに端を発したものだ。

　具体的にみると，日産自動車では，昭和56年6月から昭和57年3月にかけて，村山工場の生産体制を大幅に変更して，従来村山工場にあった自動車の車軸製造部門を栃木工場等に移転し，新たに村山工場で新型車マーチを製造することにした。これは，世界の自動車業界における車軸の小型化および駆動装置のFF（フロントエンジン・フロント駆動）化に対応するためだった。そして，この変更により，村山工場内の従業員は大幅な配転がなされることになった。

　裁判を起こしたのは，同工場で長年（最長28年10カ月，最短でも17年10カ月）にわたって機械工をしていた従業員7名だ。配転によりこれまでの技能が使えず，身体的にも精神的にも負担の重い組立工への異動となったことから，こうした異動の無効確認を求めて訴えを提起したのだ。

　法的な論点は，①企業側は労働者の職務を変更する権限（配転権）をもっていたか，②かりに権限があったとしても，機械工たちの職務が機械工に限定されていなかったか（職務限定契約であれば，本人の同意なしには職務変更できない），③職務が限定されていなかったとしても，企業の配転権の行使は権利濫用ではないか，ということ

だった。

　第1審（横浜地判昭和61年3月20日）は、①について、就業規則に配転条項があることを根拠に、企業の配転権を肯定した。②についても、職務は特定されていたが、以後の変更がないとまでの限定はなかったとしたが、③については、ベテラン機械工の経歴、技能、意向などへの配慮は必要であり、企業にはこの点に問題があったとして、機械工に対する配転は権利濫用で無効と判断した（従業員側勝訴）。

　しかし、控訴審（東京高判昭和62年12月24日）は、①を肯定し、②で職務限定合意はなかったとしたうえで、③について、「職種変更を行うことが企業の合理的運営に寄与するなど当該職種変更命令を発するについて業務上の必要性が存在し、かつ、その命令が他の不当な動機、目的をもってなされたとか、又は労働者に対して通常受忍すべき程度を著しく超える不利益を負わせることになるなどの特段の事情がない限りは、当該職種変更命令は権利の濫用になるものではないというべきである」という一般論を述べたうえで、本件では、権利濫用にあたる事情はないとして、第1審判決を覆した（企業側勝訴）。

　従業員側は上告したが、最高裁（最1小判平成元年12月7日〔最重判37事件〕）は、「対象者全員についてそれぞれの経験、経歴、技能等を各別にしんしゃくすることなく全員を一斉に村山工場の新型車生産部門へ配置替えすることとしたのは、労働力配置の効率化及び企業運営の円滑化等の見地からやむを得ない措置として容認しうるとした原審の判断は、正当として是認することができ」ると述べ、企業側勝訴の判決が確定した。

　この判決は、ベテランの工具でも、自分のプロの技能を活用できる職務だけで勤務を続けることができる権利はないということを示したものだ。同時にこういう配転権が企業にある以上、企業は本件

のようなケースで余剰人員が出ても，解雇をすることはできないということだ。

　つまり，企業に配転権があることは，正社員の長期雇用を支えるという意味があるのだ。そうみると，配転権を広く認める労働契約法理も，正社員制度と補完的な関係にあるといえよう。

用語解説　変更解約告知

　欧米のように，労働者が特定の職務に従事するために雇い入れられている場合，原則として，労働者の同意がない限り，企業が一方的に職務を変更することはできない（⇒6頁のコラムを参照）。それでは，企業にとって，職務の変更をする必要性が高いときには，どのような対応をすべきなのだろうか。その典型的な手法が，変更解約告知だ。変更解約告知は，労働者に対して，労働条件の変更を申し込むと同時に，申込みに応じない場合の解雇の意思表示も行うというもので，いわば条件付き解雇だ。職務についても，その変更の申込みに応じなければ解雇するという変更解約告知はもちろん可能であり，それは職務限定契約ゆえ配転権をもたない企業からの職務変更の手段なのだ。企業に配転権があるから解雇が制限されるという日本の正社員とは逆に，企業に配転権がないから解雇という手法がとられるという点がポイントだ。

　変更解約告知という手法が法律（解雇制限法）で規定されているドイツでは，変更解約告知を受けた労働者には，3つの選択肢がある。第1は，変更を受け入れること，第2は，変更を拒否して解雇されること，第3が，変更内容が裁判所において相当と認められることを条件として変更を受け入れることだ。この第3の選択肢を「留保つき承諾」といい，労働者がこのような対応をとることが法律で認められているところが，ドイツ法の特徴だ

　留保つき承諾をした場合，裁判所が変更内容は相当であると判断すると，労働条件は変更されることとなるし，裁判所が相当でないと判断した場合には，労働条件は変更されない。いずれにしても解雇という結果は生じない。通常，労働者は留保つき承諾をするだろうから，変更解約告知には，解雇の意思表示が含まれているものの解雇という結果は生じず，これは要するに，変更解約告知が労働契約関係を維持した上での労働条件変更の手段であるということだ。

ただ，変更解約告知は，解雇の脅威のもとに，労働者に対して労働条件の変更を受け入れるように強く迫るという面があるところが，普通の労働条件変更と違うところだ。そのため，ドイツでは留保つき承諾という特別な選択肢を認め，裁判所が変更内容のチェックをするということが認められているのだ。

ところで，日本でも一定の専門的な職務に従事させるために雇い入れた労働者などにおいては，職務限定の合意がなされることがある。このような場合に職務を変更するには，労働者が進んで変更に応じないかぎり，企業としてはやはり変更解約告知が必要だ。もっとも，日本の法律には，留保つき承諾制度がないので，変更解約告知は労働者にとって厳しいものとなる可能性がある。そのため，ドイツ法と同様の留保つき承諾制度を認める解釈を採用すべきとする見解も有力だ。しかし，そのような解釈は法律の明文の規定がない以上無理だとして，留保つき承諾は，承諾拒否と同じだとみて，解雇の問題として扱うべきとする見解もある（私は後者の見解だ）。

いずれにせよ，変更解約告知は，解雇という手段を用いて職務の変更をしようとする点で，長期雇用のもとに企業の指示で弾力的に職務を変更していく日本の伝統的な正社員制度とは異質のものであることは確かだ。

---

(4) **賃金引下げに関する法理**

賃金が年功型であることは，労働契約法理においては，正社員の賃金の引下げに対する厳しいルールの形で現れ，正社員制度と補完関係をもっている。

日本の労働者の賃金は，正社員，非正社員に関係なく，通常，就業規則に規定されている。就業規則は常時10人以上の労働者を使用している事業場では，その作成と労働基準監督署長への届出が義務とされ（労働基準法89条），かつ周知がなされ，内容が合理的であれば，その事業場で働く労働者の労働契約の内容を規律する（労働契約法7条）。

就業規則で定める賃金の基準を引き下げる場合（たとえば，全従業員に対して一律3％の賃金引下げをしたり，賃金の上昇カーブを緩やか

にしたりする場合）には，就業規則の不利益変更の問題となり，労働者の同意があるか，合理性がある場合にしか引下げは認められない（労働契約法9条，10条）。後者の「合理性」の判断要素は，①労働者の受ける不利益の程度，②労働条件の変更の必要性，③変更後の就業規則の内容の相当性，④労働組合等との交渉の状況，⑤その他の就業規則の変更に係る事情と明記されている（労働契約法10条）。また判例上，賃金などの重要な労働条件については，変更の必要性は高度なものでなければならないとして，基準が加重され，容易に合理性が認められない判断枠組みとなっている（大曲市農業協同組合事件・最3小判昭和63年2月16日）。

前者の労働者の同意がある場合については，契約内容（労働条件）の変更ができるとするのが，契約法理の当然の帰結だが，判例の姿勢は，労働者の従属的な立場に配慮して，同意の有無の判断は慎重にすべきとし，とくに同意が「労働者の自由な意思に基づいてされたものと認めるに足りる合理的な理由が客観的に存在するか否かという観点から」判断すべきという厳格なものだ（山梨県民信用組合事件・最2小判平成28年2月19日〔最重判80事件〕）。

このほか，職能資格制における労働者の資格や等級が引き下げられる（降格）という形で，賃金の引下げが行われることもある。降格は，年功型賃金では通常想定されていないので，就業規則上の根拠か労働者の同意がなければ認められないし，また降格規定を就業規則で新たに設ける場合には，就業規則の不利益変更となり，ここでも高度の必要性に基づく合理性か労働者の同意が必要だ。

また最近では，職務等級制のように，一定の等級ごとに賃金の幅を設け，その範囲での増減が予定されていたり，さらに等級の降格が想定されていたりする賃金制度もある。こうした場合でも，裁判所は，降格の前提となる成績評価について，公正な査定がなされて

いないとして降格を無効とすることもある。

 賃金が就業規則に根拠をもたず個別的に決められることもある。その場合の引下げは，就業規則の変更によることはできず，労働者の同意が必要で，その有効性の判断は，前述のように厳格なものだ。

 このように，年功型の正社員の賃金を引き下げることは，いかなる方法をとる場合でも容易ではない。もっとも，賞与（一時金）のように，当初から企業の業績や本人の成績に応じて変動することが織り込み済みである賃金要素に対しては，法的な審査は及ばないのが原則だ。

 こうしたことから，日本の企業は，基本給は安定的にして生活の保障をしたうえで，賞与のところで企業の業績の変動に合わせた賃金調整をしたり，あるいは個々の労働者の成績を考慮したりして，インセンティブの要素を組み込んだ賃金システムを構築してきた（梶川 2011 も参照）。

 日本の賃金システムは，成果主義の導入によって修正されつつある（近年では前記の職務等級制や役割給制が広がりつつある）が，日本の賃金カーブは国際的にも急であり（とくに男性），年功的性格は依然として強い（厚生労働省の「平成 23 年版労働経済の分析」229 頁）。

(5) 企業別組合

 日本の労働組合の主たる組織形態である企業別組合は，その組合員を正社員に限定するのが一般的だ。企業別組合は，同じ企業で長期間勤務する正社員の利益を守るために存在し，一時的に雇用されるにすぎない非正社員とは利害関係を共有しないからだ。

 もっとも，労働組合法上の労働組合の定義は「労働者が主体となつて自主的に労働条件の維持改善その他経済的地位の向上を図ることを主たる目的として組織する団体又はその連合団体」と広いもの

で (2条)，労働組合の組織形態はとくに限定されていない。

つまり労働組合が正社員だけで構成される企業別組合であってもよいし，逆に非正社員だけで労働組合を結成することも，また両者が混在することももとより可能だ。実際，企業別組合から排除されている非正社員（あるいは企業別組合が組織されていない企業の労働者）が，企業横断的に組織された個人加盟の地域横断的な労働組合に加入する例は最近増加中だ（コミュニティ・ユニオンと呼ばれる地域合同労組がその典型例だ）。

ただ，日本の労働組合のメインストリームは，正社員中心の企業別組合であることも事実だ。しかも，そこに展開された労使関係は，労働組合法が想定し，国際的にも一般的な労使対立型ではなく，労使協調型だった。

日本の労働組合運動は，戦後の激しい労使対立の時代を経験し，1960年の三井三池争議での敗北を経て，協調的な労使関係に転換し，日本は高度経済成長の時代に入る。正社員制度が確立していくのも，この時期だ。

協調路線をとった企業別組合のはたした役割は，企業共同体の一員である正社員を代表する一種の従業員代表機関だった。ユニオン・ショップ協定により，正社員に対して企業別組合への加入強制を認める法理も，こうした従業員代表としての性格を支えた。

用語解説　ユニオン・ショップ協定

企業と労働組合との間で，その労働組合の組合員でなくなった者（加入しない者，脱退した者，除名された者）を企業が解雇することを義務づける協定。労働組合への加入を強制する効果をもつが，憲法28条の保障する団結権には団結しない自由は含まれないので合憲と解されている（これが憲法21条の保障する

結社の自由との違いだ)。判例は,ユニオン・ショップ協定に基づく解雇は,解雇権濫用とならないとしている(日本食塩製造事件・最2小判昭和50年4月25日〔最重判47事件〕。⇒66頁)。ただし,労働者が,組合から除名あるいは脱退後に別組合に加入したり,新たに組合を結成したりした場合には,労働者の組合選択の自由や他組合の団結権も尊重すべきなので,ユニオン・ショップ協定の効力は及ばず,解雇は認められない(三井倉庫港運事件・最1小判平成元年12月14日〔最重判143事件〕)。ただ,学説上は,ユニオン・ショップ協定は,組合加入に関する自己決定権を侵害するなどの理由から違憲論も有力だ(「25の疑問」の第15話も参照)。

　企業別組合は,技術の発達などの経営環境の変化があっても解雇はさせないという雇用の確保を最優先の運動目標とし,その他の労働条件についても,たとえば賃金については春闘をとおしてその安定的な上昇を勝ち取ってきた。その反面,企業が人事権を広範に行使することについては理解を示し,また経営悪化時においては,企業との間で密に情報交換と協議をすることをとおして,最終的には従業員にとって厳しい措置であっても受け入れ,従業員を説得する側に回るという役割も担ってきた。

　この後者の面では,労働組合が企業の方針を無批判に受け入れるだけだとすると,その存在意義は小さくなるが,少なくとも前者の面(雇用の保障と賃金の安定)で正社員としての利益をしっかりと守るかぎり,やはり「第2の労働法」の重要な構成要素だといえよう。

4　非正社員はなぜ存在するのか？

(1)　正社員制度の補完としての非正社員制度

　では,正社員の反対概念である非正社員(非正規労働者)とは,ど

のような存在なのだろうか。なぜ非正社員というカテゴリーの労働者が存在しているのだろうか。

　まず非正社員の定義が問題となるが、正社員の法律上の定義がないように、非正社員の法律上の定義もない（非正社員のなかの「短時間労働者」については、パートタイム労働法上の定義がある）。正社員ではない労働者が非正社員である、というような消極的な定義をするしかない。ただ通常は、非正社員とは、有期雇用の労働者とパートタイム労働者をさすことであまり異論はない（場合によっては、派遣労働者を含むこともある）。

　こうした非正社員が存在する理由は、大きく分けると、業務上の理由によるものと経営上の理由に分けられる（大内編 2014・11頁）。

　前者の業務上の理由としては、たとえば業務が臨時的なものであり、無期雇用の正社員に担当させる必要がないから、業務が単純なもので高い技能を要しないため、コストの高い正社員に担当させる必要がないから、業務が高度に専門的であるため、企業内で訓練して正社員に従事させるに適しないからといったものがあげられる。つまり、正社員に担当させるのに適しない業務を非正社員に担当させるということである。

　後者の経営上の理由は、正社員の雇用は解雇規制があることから経済状況に応じた弾力的な調整が難しいため、正社員は必要最低限の人員におさえ、景気がよいときに必要となる人員は、有期雇用（派遣の場合も含む）でまかなう必要があるから、というものだ。正社員の安定雇用を支えるために、バッファーストックとしての非正社員が存在しているといってもよい。

　バッファーストックとしての有期雇用（非正社員）の利用が認められていることは、日本法の特徴だ。欧州諸国では、有期労働契約を締結するための事由の制限（すなわち入口規制）がある国が多く、

企業には契約に期間を設ける理由（臨時的な業務であるなど）を示す必要がある。こうした規制は，解雇規制を回避するために，有期雇用を濫用することを防ぐために必要とされた。ところが，日本では法律上の解雇規制が長らくなかったこともあり（⇒65頁），入口規制はなかった。このため，企業は業務の臨時性や専門性に関係なく，バッファーストックとしての有期雇用労働者を利用することができた。こうした利用方法に対しては，解雇規制の回避のために有期雇用が濫用されているという批判もあるが，少なくともこれまでの日本の正社員制度は，非正社員の存在により補完され支えられてきたのであり，正社員制度を維持するための「必要悪」でもあった。

　ただ，有期雇用労働者の利益に配慮する法的ルールがないわけではない。有期契約が反復更新され，実質的には期間の定めのない状況と変わらない場合，あるいは更新されることについて合理的な期待がある場合において，期間満了による更新拒絶（雇止め）をするためには，解雇の場合と同様に，客観的合理的な理由と社会的相当性が必要となる（当初は判例の雇止め制限法理。2012年の労働契約法改正により，19条で成文化された）。有期雇用労働者であっても，その企業内で，正社員に近いような就労実態がある場合には，正社員と同様の雇用保護を付与しようというものだ（大内 2011 も参照）。もっとも，雇止めが違法とされても，契約の更新がなされるだけで，有期雇用から無期雇用への転換が認められるものではなかった。

(2) 変わる非正社員制度——有期雇用労働者の無期転換——

　ところが，労働契約法の 2012 年改正は，新たに，有期雇用から無期雇用への転換を認める規定を導入した。それによると，有期労働契約が更新されトータル 5 年を超えれば，無期労働契約に転換させる権利が労働者に付与される（18条。5年の起算は 2013 年 4 月以降）。

この規定は、労働者は有期雇用のままであれば、法律によって与えられた権利（年次有給休暇権など）を行使することができないなど、正社員以上に従属的な地位に置かれがちとなることを考慮して設けられたものだ。その意味で、従属労働論による立法の一つとみることもできた（大学等の研究者や教員、高度な専門的知識等を有する者等、従属性が希薄な労働者については特例があるのも、そのためだ）。

　2007年のパートタイム労働法の改正の際にも、パートタイム労働者（非正社員）の、フルタイム労働者（正社員）への転換に関する規定（当時の12条。現在は13条）が設けられたが、その規定は、労働契約法18条とは異なり、企業の意に反した転換を強制したものではなかった（同じ事業所で通常の労働者の募集を行う場合に、それをパートタイム労働者に周知すること、同じ事業所で通常の労働者の配置を新規に行う場合に、その配置の希望を申し出る機会をパートタイム労働者に与えること、通常の労働者への転換の推進措置を講ずることのいずれかを行うことが義務づけられたにとどまる）。それに比べると、労働契約法18条は、企業の人事権に大きく踏み込んだものだ。

　労働契約法18条は、正社員制度に二つの点で、大きな変革をもたらすものだ。まず第1に、労働者に非正社員から脱却する「権利」を認めた点だ。

　たしかに、労働者が無期転換権を行使しても、労働条件は変わらず、正社員と同じ労働条件に変更される権利までは与えられていない。つまり、労働契約の期間は無期になるが、無期転換前に勤務地や職務が限定されている場合には、無期転換後も同じままだ（いわゆる限定正社員）。また、無期雇用に転換しても、正社員と同じ雇用保障が得られるわけでは必ずしもない。勤務地や職務が限定されている場合、もしその勤務地での事業所がなくなったり、職務が不要となったりすれば、企業が他の勤務地や職務への解雇回避を試みる

必要はないので,理論的には,通常の正社員より解雇は容易だ。

　ただ実際の裁判では,裁判所が勤務地や職種の限定以外の要素も考慮して,限定正社員の雇用を守る可能性がないわけではない。したがって,企業としては同一の有期雇用労働者をバッファーストックとして5年を超えて利用することは,できるだけ回避しようとするだろう。こうなると,バッファーストックとしてであっても,長期的に有期雇用の反復更新で働いてもかまわないと考える労働者の意向（正社員登用を望んでいないなど）に反することになってしまう。こうしたことが生じないようにするためには,有期雇用労働者が,事前に無期転換権を放棄しておけばよいが,これを認めると企業から放棄を強制される危険があるため認められないとするのが行政解釈の立場だ。結局,この規定に基づく無期転換がどれだけ起こるかは未知数だ。

　正社員制度に変革をもたらすもう一つの点は,無期転換権によって生じた限定正社員は,契約期間が無期であるとはいえ,もはや伝統的な正社員とは異質であることだ。正社員とは,企業の中核的な人材となることを想定して,長期的なビジョンで人材育成の対象にすると企業が判断した人材だが,限定正社員はそのような人材ではない。限定正社員という地位には,労働契約の期間をなくし,一応の雇用の安定を保障したことによって,非正社員のモチベーションを高めるという人材活用の一手段としての性格が濃厚だ。こうした実質から判断すると,限定正社員は,正社員の新しいカテゴリーとみるよりも,非正社員の一亜種とみるべきだろう。

　無期転換規定の新設による限定正社員促進政策は,働き方の多様化を進めて,企業の人材活用のバリエーションを広げるものとして,これを肯定的に評価する立場もある。ただ前述のように,正社員制度（および,それを補完する非正社員制度）は,企業の人事戦略により

生み出されたものだ。多様な働き方が企業経営上必要であれば，各企業が独自に判断して導入すればよい。限定正社員を導入することについては，そもそも法的な規制はなく，企業が独自の判断で実施することはもとより可能だ（実際，一般職と呼ばれる社員カテゴリーは，勤務地限定の正社員だった）。その意味で，無期転換権の付与という「劇薬」によって，こうした政策を進めることには疑問が残る（大内 2014・81 頁）。

いずれにせよ，労働契約法 18 条は，経済的合理性により正当化することは困難な規定だ（経済的合理性があれば，企業は自ら進んで無期転換を提案しているだろう）。もっぱら従属労働論と格差是正政策の観点から設けられた規定という点で，労働立法の歴史からみてもかなり独特なものといえよう。

(3) 処遇格差の是正―労働契約法 20 条のインパクト―

非正社員の賃金は，長らく，契約の自由の範疇に属し，正社員との格差がとくに法的に問題とされることはなかった。

正社員の賃金は，基本的には，すでに説明したように，職務との直接の関連性をもたない職能給であり，それとまったく異なった制度の下で職務給で処遇されている非正社員と比較して格差を論じることはできないはずだ。比較可能性のないものを比較しても，そこから何か有意味な結論を引き出すことはできない。

正社員のやるべき仕事と非正社員のやるべき仕事の違いは通常明確だ。それぞれにおいて求められる技能や期待される生産性に違いがあれば，賃金に差がつくのは当然だ。むしろ支払われる賃金額のみを比較して格差を問題視し，生産性に関係なく非正社員の賃金引上げを法で強制するのは，非正社員の雇用機会を縮小させたり，企業に過剰な負担を課して，競争力を弱め，その企業の正社員を含め

た従業員全体にマイナスの影響を及ぼしたりするなど、副作用が懸念される。

　たしかに非正社員の就労の実態によっては、正社員と同一視できるような状況は起こりえよう。そうした非正社員に対して例外的に救済を与えることは法的正義にかなうこともある。裁判例のなかにも、まったく同一の職務に従事しながら、賃金に3分の1以上の格差があった事案で、2割以上の格差がある部分は公序違反の不法行為が成立するとして損害賠償を認める判決もあった（丸子警報器事件・長野地上田支判平成8年3月15日〔最重判70事件〕）。ただこの判決も、非正社員の賃金が契約上、引き上げられることまでを認めたものではないし、またその他の裁判例では、損害賠償の救済さえ認めないものがほとんどだった。

　ところが、2006年ごろから、ワーキング・プアが社会問題化し、貧困の原因がかつてのような失業だけでなく、就業していても非正社員であることから生じていると認識されるようになる。不安定な雇用と低い処遇が、労働者の貧困の原因として問題視されるようになったのだ。もちろん非正社員のパートやアルバイトの賃金が正社員より低いのは、そのときに始まったことではない。ただ、かつてのパートは、その夫が正社員である主婦であったり、アルバイトの学生であったりして、家計全体でみれば貧困ではないケースが多かった。ワーキング・プアが社会問題となったのは、非正社員で働く層のなかに、リストラされて正社員から転落した者や、シングルペアレントで育児をしているため、正社員としての勤務が難しい者など、自らの所得で生計を維持しなければならない者が増えてきたという事情があった。

　こうした状況をふまえ、2007年にパートタイム労働法が改正され、フルタイム労働者と、職務内容が同一で、人材活用の仕組みも同一

で，契約期間の定めがないという3つの要件を充足するパートタイム労働者は，フルタイム労働者との差別的取扱いが禁止されるという均等待遇規定が導入された(当時の8条，現在の9条)。この3要件を充足するパートタイム労働者は，まさに正社員と比較可能性があり，均等に扱うべきとする政策判断がなされたのだ。これは企業人事に対する強い介入だが，3要件は厳格なもので，それを充足するような場合の均等処遇の強制であれば，経済界にとっても許容可能なものだっただろう(なお2014年改正で，契約期間の定めがないという要件は削除された)。

一方，このときの改正では，3要件を充足しないパートタイム労働者の賃金については，フルタイム労働者との均衡を考慮した処遇をする努力義務(当時の9条1項，現在の10条)が，また職務内容が同一で，人材活用の仕組みが同一であれば，その期間は賃金を同一決定方法にする努力義務(当時の9条2項，現在は削除)が企業に課された。これらは，正社員とパートタイム労働者との格差の是正を目的とするものだが，強制力はなく，理念的な規定の意味合いが強いものだ。むしろ同法は，企業に説明義務を課していることからすると(当時の13条。現在の14条)，格差そのものの是正よりも，格差があることの理由を企業に説明させ，パートタイム労働者の納得度を高めるようにすること(逆にいうと，パートタイム労働者に説明がつくような範囲の格差にとどめるようにすること)を重視したといえる。

コラム　最低賃金法の改正

　　2007年には，パートタイム労働法だけでなく，最低賃金法も改正され，地域別最低賃金(都道府県別最低賃金)の決定の際の考慮要素の1つである「地域における労働者の生計費」は，「労

> 働者が健康で文化的な最低限度の生活を営むことができるよう，生活保護に係る施策との整合性に配慮するものとする」と定められた（9条2項・3項）。これは，生活保護と最低賃金との逆転現象の解消をめざした規定であり，その後，最低賃金は大幅に上昇している（最近では，政府はデフレ脱却政策の1つとして，最低賃金の引上げに取り組んでいる）。
>
> 最低賃金の影響を受けるのは，実際上は非正社員なので，最低賃金の改正は，非正社員の処遇の改善を目的としたものといえる。ただ，非正社員にも，さまざまなタイプの人がおり，貧困対策としてみた場合には効率が悪い政策でもある（富裕な家庭の子息がアルバイトをするときにも，最低賃金引上げの恩恵が及ぶ）し，ここでも生産性を度外視した賃上げによる副作用（非正社員の雇用機会の縮小，正社員の労働条件の悪化など）が懸念される。

ところで2012年の労働契約法改正では，有期雇用労働者と無期雇用労働者との間の労働条件の相違が，職務の内容，人材活用の仕組み，その他の事情を考慮して，不合理なものであってはならないという，新たなタイプの規定が導入された（20条）。2014年のパートタイム労働法の改正でも，同旨の規定が追加された（8条）。

労働契約法20条は，行政が出した施行通達（平成24年8月10日基発0810第2号）によると，同条により不合理とされた労働条件の定めは無効となり，無期雇用労働者の労働条件との格差は損害賠償として請求できるとしている。この通達を文字どおりに解すると，同条は，正社員（無期雇用労働者）と非正社員（有期雇用労働者）との間で，パートタイム労働法の均等待遇規定のような厳格な要件なしに比較可能性を認め，格差の不合理性を判断することとしたもので，きわ

めて介入色の強い規制をしたものとなる。

　ある有力な学説は,労働契約法20条について「有期労働契約と無期労働契約という形で正規・非正規労働者に分断された労働市場の現実に対して,強行的な民事的効力を付与して労働契約関係の是正を意図するものであり,社会改革的規定と評することができる」と述べている(菅野 2016・335頁)。

　労働契約法20条をこのように位置づけるとすると,これは,正社員制度の根本を揺るがす可能性をはらんだものとなる。

コラム　2014年のパートタイム労働法改正

　労働契約法の2012年改正以降になされたパートタイム労働法の改正(2014年改正)は,現時点(2016年)の非正社員に関する規定の集大成としての意味をもっているはずだ。ところが,改正後の同法の内容はかなりわかりにくいものだ。

　まず8条は,「短時間労働者の待遇の原則」という見出しで,労働契約法20条と同旨の規定を設けて,不合理な労働条件の相違を禁止している。これが総則規定だ。続いて各則規定として,9条は,「通常の労働者と同視すべき短時間労働者に対する差別的取扱いの禁止」を定め,10条は賃金についての均衡処遇を定めている(さらに11条で教育訓練,12条で福利厚生に関する規定がある)。

　つまり,現在の法律上は,「不合理の禁止」,「差別の禁止」,「均衡」といった概念が,相互の意味内容が明確にされないまま併存しているのだ。論理的に考えると,そもそも8条の総則規定があれば,9条と10条は不要なはずだ。実際,有期労働契約については総則規定の労働契約法20条だけしかない。

　結局のところ,近年の労働立法は,具体的にどのような法概

念を用いて，どのような手法で格差是正に取り組むのかについて，十分に議論を煮詰めることなく，見切り発車でやってきたのだ。それだけでなくさらに，同一労働同一賃金といった新たな概念にまで手を出している（後述の補論も参照）。

　立法や政策に対するこうした安易な姿勢は，労働法に対する国民の信用を低下させることになるのではないかという懸念を私は禁じえない。

補論　同一労働同一賃金

　欧州では同一労働同一賃金の原則があるが，日本にはそうした原則がないことは問題であるとして，この原則の法制化を図ろうとする動きがある。同一労働同一賃金を，文字どおり，同一の労働に対して同一の賃金を払わなければならないという意味だとするならば，これは「正義の香り」がするが，実は契約というものの考え方と正面から反するものだ。

　本来，賃金は契約によって自由に決めることができるものだ。たとえ同一の労働をしていても，異なる賃金を契約で定めることは，それが望ましいかどうかはともかく，法的に許されないとする根拠は明確ではない。同一労働同一賃金となると，賃金を交渉によって決める余地がなくなってしまう。

　欧州で同一労働同一賃金の原則があるのは，賃金の決め方が日本と違うからだ。第1章のコラム（⇒6頁）でも書いたように，欧州では正社員の賃金は職務給だ。労働者の従事する職務の格付けが決まれば，それに対応する賃金も決まる。難度の高い職務を遂行していれば，その職務の賃金格付けは高いので，賃金も高くなる。同じ格

付けの職務に従事している限り、賃金は同じとなる。だから同一労働同一賃金となるのだ。

日本でも正社員に職務給を導入すれば、おのずから同一労働同一賃金となる。逆に職務給を導入していないならば、同一労働同一賃金とする前提を欠くことになる。したがって、職務給以外のところで同一労働同一賃金の原則を論じるということは、同一の労働には同一の賃金を支払うという意味とは異なる内容のことを論じているとしか考えられない。

しかし世間ではそのように考えておらず、政府は世間による誤解を正そうとしていないところに、この議論の不毛さとポピュリズムの匂いが感じられる（「25の疑問」の第18話も参照）。

5　小括

以上のように、正社員という制度は、企業が長期的に優秀な人材を抱え込み、技術の発達に対応できるように人事権を行使して、本人の技能の蓄積を促進し、企業に高い貢献をしてくれるようにするために設けられたものだ。企業は、正社員が途中で退職して、育成のための費用が回収できないような事態を避けるために、長期雇用を保障するだけでなく、長期的な勤続へのインセンティブを与える年功型賃金制度や退職金制度を設けてきた。さらに、企業別組合は企業が裏切らないように監視をすると同時に、労使協議などの緊密な関係を築いて、企業との間で経営に関わるようなことも含めて情報を共有し、正社員の利益を守るための役割を果たしてきた。

こうした正社員制度を中心とした労働者保護システムは、第2の

労働法と呼ぶにふさわしいものだったが、これが機能するためには2つの前提があった。それは、第1に、正社員として長期雇用を保障する経営上の必要性があったこと、第2に、長期雇用の保障が現実にも可能であったことだ。

　第3章まででみたように、今日の技術の発達はスピードが早まっており、新たな技術に対して、企業内での労働者の再配置で対応することが徐々に難しくなってきている。もし企業内で再配置することができなければ、企業が必要とする新しい技能は、企業外から調達してくる必要がある。そうした人材は、企業内での育成を予定していないので、広範な人事権に服せしめる必要性もない。つまり、本章でみてきたような意味での正社員である必要はないのだ。

　また第4次産業革命の進展により、企業をとりまく環境が大きく変わるなかで、企業がそのままの業態で長期的に存続することは、(いくつかの例外的な企業を除き)もはや想定しがたくなっている。たとえば、自動車の電気化にともない、製品のハード部分を製造してきた企業が、ソフトの開発を中心とする企業に変わるというようなことが、すでに起きつつある。フィルム会社が、医療部門の企業になったというケースもある。

　ここまで大きな変化が起こると、同一の人材で変化に適応させていくことは困難だろう。つまり、企業が人材を長期的に雇用することが現実的にできなくなってきているのだ。そうなると、正社員は徐々に減少していくことになろう。

　さらにグローバル化の進展は、日本型雇用システムの特異性を浮きたださせることにもなる。長期雇用慣行や年功型賃金は、グローバルスタンダードからは外れたものだ。グローバル化の時代は、労働者が国や企業を選ぶ時代でもある。長期的な安定を求めず、自分のもつ技能をその時点での成果や実績で評価してくれることを重視す

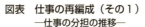
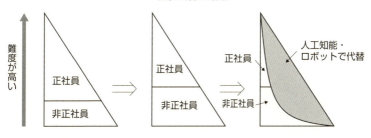

る国内外の優秀な人材は、これまでの日本型雇用システムには魅力を感じないだろう。こうした状況も、正社員制度の存続を困難ならしめている要因だ。

もちろん、今後も正社員として残る人材はいるだろう。ただそれは、現場の社員というより、技術の変化に適応して企業の組織編成を考えていく中枢部（マネージャークラス）の人材に限られていくだろう。

正社員制度がこのように変容していくと、第2の労働法が縮小していくだろう。最近の立法は、非正社員に対する法的保護を強化し、非正社員と正社員との格差を是正しようとする方向のものが増えているが、そのことが実はかえって正社員制度の存続を困難にさせている。加えて、正社員を標準モデルとしている点で、これからの正社員制度の変容をとらえきれていないという根本的な問題もある。正社員の仕事でさえも安泰ではない以上、実は正社員と非正社員との格差という問題の設定自体、すでに時代遅れであるのだ。

いずれにせよ正社員制度がもし崩壊すると、正社員の保護の中核的要素である雇用の安定や賃金の安定がなくなり、本人の市場価値が問われるようになるが、一番大きな問題は、それを支えるべき技

能育成のシステムも崩壊してしまうことだ。このことは，正社員制度に頼らない労働法のあり方を根本的に考え直さなければならないということを意味しているのだ。

　正社員制度が崩壊することが，非正社員の増加をもたらすということでもない。たしかに技術の発展は，それまでの正社員の仕事の単純化・簡易化をもたらし，高コストの正社員にさせるまでもない仕事を増加させた。近年の非正社員の増加の背景には，こうした技術的要因がある。しかし，こうした非正社員の仕事の多くは，人工知能やロボットにより代替されやすい定型的業務であることも忘れてはならないのだ。

第5章

人材移動を実現するための改革
―雇用流動化に向けた政策―

1 転換期にある労働市場政策

　日本の労働市場政策（本書では，外部労働市場をターゲットとする雇用政策よりも広く，内部労働市場もターゲットにしたものも含む意味として用いる）は，これまで正社員制度の枠内で，労働者の職業訓練や配置は企業内（内部労働市場）で行われ，雇用も保障されてきたため，外部労働市場の担うべき役割はそれほど大きなものではなかった。もちろん労働市場法の分野の立法は次々と行われてきた（⇒60頁）が，日本の労働者の技能と生産性は，正社員制度によって支えられてきたものだった。つまり，日本の労働市場政策は，主として正社員制度の枠からはみでた労働者を対象として展開されてきたのであり，日本の労働者の中心にある正社員に対する政策は，企業にできるだけ雇用維持をするよう求めるもの（雇用維持型政策）だった。

　日本の労働市場政策の基本法としての位置づけにある雇用対策法でも，労働市場の流動化を積極的に促進する内容は含まれていない。再就職に関する施策として目に付くのは，事業の規模の縮小などで離職を余儀なくされた労働者の円滑な再就職の促進を図るものくらいだ（4条1項4号，24条以下）。

　また雇用保険制度の枠内で行われる2事業（雇用安定事業と能力開発事業）のうち，雇用安定事業は，「失業の予防，雇用状態の是正，

雇用機会の増大その他雇用の安定を図るため」のもので（雇用保険法62条柱書），その中核となる制度が雇用調整助成金だが，これは，「景気の変動，産業構造の変化その他の経済上の理由により事業活動の縮小を余儀なくされた場合において，労働者を休業させる事業主その他労働者の雇用の安定を図るために必要な措置を講ずる事業主に対して，必要な助成及び援助を行うこと」であり，まさに雇用維持型政策の代表的なものだ（同条1項1号）。

再就職については，前記の雇用対策法の規定と連動している労働移動支援助成金があり，これは事業規模の縮小等により離職を余儀なくされた労働者に対し援助（再就職支援，早期受入れなど）を行う事業主に対して助成をする制度だ。一見，雇用流動型政策のようだが，事業主にとってこの制度を用いるインセンティブはなく，利用は低調のようだ（今井 2013）。

政府は，日本の労働市場政策を，雇用維持型から「労働移動支援型」に転換する方向性を示してきた（平成25年6月14日に閣議決定した「日本再興戦略」など）が，現状では雇用の流動化に十分に対応できているとはいえない。もちろん，雇用の流動化がアプリオリに望ましいということではない。特定の企業で雇用が維持されることには，雇用の安定という大きなメリットがある。しかし，第4次産業革命が進行し，企業をとりまく環境が激変していくなか，特定企業での雇用の維持は，客観的にも難しくなるだろう。つまり，日本型雇用システムの中核で，第2の労働法でもあった正社員制度を維持することは今後は困難となるのだ（⇒106頁）。

現行の解雇規制がいかに厳格な法理だったとしても，真に経済的に合理性のある解雇を抑止することは困難だ。つまり，政府の労働市場政策のスタンスに関係なく，雇用調整は今後広がっていくだろう。そうだとすれば，政策の方向性も，雇用維持型から雇用流動型

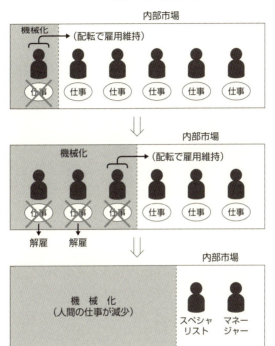

図表　仕事の再編成（その2）
―人間の仕事が機械に代替―

に転換していくことが必要だ。産業政策としても，企業間，産業間の人材の再配置のためには，積極的に労働移動を進めていくことが必要だ。

雇用流動型政策には，企業側の理由（経営悪化，技術革新など）により解雇された労働者の転職を支援し，失業期間を短期間にするという目的のもの（被解雇者支援型政策）と，成長部門への人材移動を促進するという積極的なもの（転職促進型政策）とがある。

被解雇者支援型政策では，労働者はいわば本人の意に反して流動化に巻き込まれたものなので，しかるべきセーフティネットが必要となる。その中心となるのは，雇用保険による所得保障だ。

　一方，転職促進型政策では，特定の企業における雇用の継続を促進する制度の見直しが必要だ。企業内の年功型賃金や勤続年数比例の退職金制度は，企業が独自に導入しているものなので，これに対して政策的な介入をすることは適切ではないが，勤続年数20年以上の場合の退職所得控除などの転職抑制的な機能をもつ公的な優遇措置は，見直しを検討すべきだ。逆にポータビリティがある確定拠出型企業年金制度に対する税制上の優遇等は，転職をしやすい環境を整備するものとして評価できる。さらに，自己都合退職の場合に，会社都合退職よりも不利となる雇用保険法上の取扱いなども，労働者が積極的に転職することに抑制的な機能をもつので見直しが必要だ。

　被解雇者支援型にしろ，転職促進型にしろ，雇用流動型政策を進めていくうえでは，新技術に対応する技能を習得するための職業訓練と労働市場のマッチングの重要性がますます高まる。雇用調整助成金などの雇用維持型政策に当てられてきた資源（カネ，ヒトなど）は，雇用流動型政策に重点的に振り替えていくことが必要だ。

> **コラム　セーフティネットとモラルハザード**
>
> 　雇用保険制度の本来の保険給付の部分については，雇用流動型政策をとるうえでも，労働者に対するセーフティネットとして重要な役割をはたすものだが，給付期間をどのようにするか（失業の理由をどのように考慮するか），給付額をどのように設定するかなどについては難しい問題があり，適切な制度設計をしなければ，モラルハザードの問題（ここでは具体的には，労働者

が働く意思がないのに給付を受けたり,真剣に転職先を探索しなくなったりする問題)などが生じて,うまく雇用流動型政策に適合しない可能性がある。

学説のなかには,「毎月一定額を一定機関に払い込み,労働者が離職した場合には,離職事由にかかわりなく,当該機関から支給されるというような,法定退職金のような制度も検討に値する」という見解もあり(小西 2014・90頁),雇用保険制度も,こうした新たな視点で,見直しが検討されるべきだろう。

いずれにせよ,今日,雇用流動化にそなえて,離職者に対して,技能の向上のための職業訓練政策と連携し,かつモラルハザードを回避しながら,いかにして適切な所得保障を行うかについての検討が重要な課題となっている。

図表 二つの雇用対策の対比

	雇用維持型政策	雇用流動型政策
目的	雇用安定・失業回避	解雇後の転職支援・積極的転職支援
対象	内部労働市場	外部労働市場
人材の再配置	企業内(配転)	企業間・産業間(移籍)
職業訓練	企業内訓練	企業外訓練(公的訓練機関,教育機関,自学)
解雇規制	厳格な解雇規制	解雇の金銭解決
助成金	雇用調整助成金	労働移動支援助成金

2 雇用調整をめぐる問題―解雇法制の見直し―

(1) 技能の陳腐化と解雇

正社員制度における長期雇用について,それを支える法的ルール

として最も重要なのが労働契約法 16 条（解雇権濫用法理）だ（⇒ 65 頁）。同条によると，解雇は，客観的合理の理由・社会的相当性がなければ，権利濫用として無効となる。

　正社員には，長期雇用への期待があり，解雇権濫用法理は法的にもその期待を保護してきたが，技術の発達において，既存の技能の陳腐化が生じたような場合に，解雇がおよそ起こらないというわけではない。

　この点を考えていくうえでは，労働者の職務が労働契約上，限定されているかどうかに分けて考察する必要がある。

　正社員の多くは，職務は限定されていない。この場合には，企業は配転命令により職務を変更する権利をもつので，ある職務について能力不足であることが明らかになっても，別の職務に配転させるなどの解雇回避措置をとることが必要だ。正社員のもつ定年までの長期雇用への期待は法的にも保護に値するので，企業はその実現にできるだけ尽力しなければならないのだ。

　下級審ではあるが，就業規則に「労働能率が劣り，向上の見込みがない」という解雇事由に基づく場合に，この解雇事由に該当するというだけで解雇ができるわけではなく，教育訓練などにより成績を向上させる解雇回避努力を十分に行っていなければ，解雇事由に該当しないとした裁判例もある（セガ・エンタープライゼス事件・東京地決平成 11 年 10 月 15 日〔最重判 49 事件〕）。

　もっとも，このことは逆に，能力不足による解雇は，企業が十分に解雇回避措置をとった後であれば認められるということでもある。たとえば労働者に十分な教育訓練をして，本人が能力を発揮できる部署に配転をしたが，結局，どの部署でも能力を発揮できなかった場合など，その企業内での労働者の活用可能性がないとなると，理論的には解雇は可能だ。

また，労働者の従事する職務が，技術の発達によって不要となった場合，解雇の原因は，労働者本人の事情ではなく，企業の経営上の理由となるので（こうした解雇は，一般に整理解雇と呼ばれる），解雇の有効性判断はより厳しいものとされ，その際には通常の解雇とは異なり，労働契約法 16 条の適用上，とくに 4 つの判断要素に基づき，権利濫用となるかどうかが判断される（整理解雇の 4 要素）。その 4 要素のうちの 1 つが，解雇回避努力であり（他の 3 要素は，経営上の必要性，被解雇者選定基準の相当性，手続の相当性），したがって，企業はここでも別の職務に配転させるというような解雇回避措置をとる必要がある。この解雇回避措置が不十分であれば，解雇は無効となる可能性が高い。

　他方，無期雇用の正社員であっても，採用時点，あるいは労働契約の展開中に，職務を限定する特約を明示的または黙示的にかわしている場合は，別の職務に一方的に配転される心配はない。しかし，その反面，その職務に適さない人材であることが判明したり，あるいはその職務が企業内において不要となれば解雇は有効となる可能性が高い。

　とりわけ一定の能力があることを前提として，特定の職務に採用された労働者は，その職務を遂行する能力がなかったとなると，企業には職務限定契約では別の職務への配転権がそもそもないため，配転などの解雇回避措置をとらなくても，濫用性を根拠づけるその他の事情がなければ，解雇は原則として有効となる（たとえばフォード自動車事件・東京高判昭和 59 年 3 月 30 日）。

　整理解雇の場合も，企業が解雇回避すべき範囲は，その職務の範囲に原則として限定されるので，やはり解雇は有効となりやすい（裁判例の分析については，労働政策研究・研修機構 2014 を参照）。

補論　解雇の有効性判断

　解雇の事由は，就業規則の絶対的必要記載事項なので（労働基準法89条3号），就業規則の作成義務のある常時10人以上の労働者を使用している事業場では，就業規則に明記されているはずだ。そこで記載された解雇事由以外の事由での解雇が認められるかについては議論があるが，通説は，解雇事由を明示する意義を重視して，これを否定する（限定列挙説）。

　そのため，裁判所は解雇の有効性を判断するうえでは，まず，企業が解雇理由としてあげる事由が，就業規則で記載されている解雇事由に該当するかをチェックすることになる（就業規則該当性）。就業規則の解雇事由が抽象的な場合は，裁判所が，適宜，就業規則の解雇事由を補充したり，あるいは限定したりするが，通常は，就業規則の解雇事由は労働者に有利に狭く解釈される。

　就業規則該当性が認められると，今度は，その解雇が権利濫用か否かを具体的な事案に即してチェックすることになる（労働契約法16条）。本文で述べたように，整理解雇の場合については，4つの判断要素があげられている。

　要するに，職務が限定されていない通常の正社員は，技術の発達によって技能が陳腐化しても，企業は配転によって雇用を維持しなければならないので，解雇は通常起こらない。また，解雇権濫用法理において求められる解雇回避努力がどこまでのものかは，最終的には裁判所の裁量的な判断となり予測可能性が低いので，現実には本人の新たな技能の習得がうまくいかず配転させることが容易ではなくても，企業は解雇を逡巡することが多いだろう。このことは，

日本の企業が新たな技術を取り入れていくことに対して抑制的に働いている可能性がある。

一方，職務が限定されている労働者であれば，技術の発達によって求められる高度な技能に対応できない場合や，現在の技能をいかせる職務がなくなったような場合には，原則として解雇は可能だ。

以上のことからわかるのは，IT，人工知能，ロボティクスなどの新技術の急速な発達について，企業内での労働者の再配置が困難となった場合，職務の限定のない伝統的な正社員に対する解雇は不可能ではないものの，容易ではなく，企業は余剰人員を抱えなければならなくなる可能性が高いということだ。こうした状況は，日本企業の競争力の潜在的な低下要因であろう。このことを考慮に入れると，雇用流動型政策（被解雇者支援型の政策）の充実を十分に図ることが条件となるとはいえ，現行の解雇規制の緩和を政策のオプションに加えることは喫緊の検討課題だ（⇒(3)）。

一方で，企業としては，解雇が法的にどこまで許されるかに関係なく，今後の人事戦略としては，事業を効率的に進めていくためには，これまでの正社員の仕事の内容を分析し，個々の職務（job）やその具体的な構成要素である作業（task）に切り分けて（仕事のモジュール化），機械にやらせる作業と人間にやらせる作業との振り分けを進めていくことが必要となるだろう。それにともない，人間がやる仕事についてもジョブ・ディスクリプション（職務記述書）が明確になっていくだろう。

日本企業で新技術の活用が遅れているのは，ジョブ・ディスクリプションが明確でないからだ。日本の正社員が人工知能による雇用代替化の話に楽観的でいられるのは，自己の職務そのものが明確でないので，機械による職務の代替に鈍感であり，欧米と同様の危機意識をもっていないからであろう（⇒ 12頁）。

しかし，新技術を活用した生産性の向上はグローバルに展開していく（⇒31頁）。海外の企業が，新技術を導入して競争力を高めているとき，日本企業だけ独自の世界で生きていくことは不可能だ。また外国の有能な人材をスカウトするときには，こうした人材が職務型で働いている以上，それに対応せざるをえないだろう（⇒106頁）。日本企業が海外に進出するときも同じだ。これもグローバル化の影響だ。

　このようにみると，今後は日本企業でも，欧米のような職務型の働き方が増え，賃金も職務給が増えていくことが予想される。職務型で働く労働者が増えていくと，技術の発達による新たな技能への需要は，企業内での再配置で対応できなくなり，旧来の技能しかもたない者の解雇と新たな技能をもつ者の採用という方式での対応がなされるようになるだろう。企業をとりまくこうした環境変化が，雇用をできるだけ維持するという従来の企業行動を継続することをもはや許さなくすることが予想される以上，政府は，解雇がありうることを前提に雇用流動型政策をとっていくことが必要となるのだ（⇒本章1）。

補論　正社員制度を支えるもう一つの仕組み
—準内部労働市場—

　企業内の再配置が困難な場合でも，企業グループ内での再配置が可能であれば，労働者にとって完全に外部労働市場に放逐されるよりも，雇用の安定度は高くなる。日本の企業は，正社員に対して，出向や転籍により，いったん元の企業から別の企業に異動させはするものの，グループ企業内で雇用を保障するということを頻繁に行ってきており，これも正社員制度の一部だった。

出向は，元の企業との労働契約関係を維持したまま，他の企業の指揮命令を受けて働くというものなのに対して，転籍は，元の企業との労働契約関係を終了させて，他の企業との間で労働契約関係を締結するものだ。両者の違いは，元の企業を完全に退職する（労働契約関係を終了させる）かどうかにある。出向については，労働契約法14条で，その権利の濫用となる場合について規定されているが，法律上の規制はそれだけだ（転籍については，労働契約法は何も定めていない）。

　ところで，新たな技術が登場して，それに対応することが必要なとき，企業には，専門の企業にアウトソーシングするという方法，同じ企業で専門技能をもつ労働者を活用するという方法（労働者派遣などの間接雇用もあれば，有期での直接雇用もある）などがあるが，グループ内で新たな企業を設立し，そこに出向や転籍という形で労働者を異動させて対応することも，少なからず行われてきた（團2013）。これは形式的には，企業間における再配置だが，実質的には，企業内における再配置と変わらないものだ。

　法的には，同一企業内の異動である配転は，就業規則に根拠規定があれば，企業は命じることができるのに対し，転籍は，元の企業を完全に退職することになるので，対象労働者の個別的な同意を要し，出向は配転と転籍の中間なので，個別的な同意までは要さないが，就業規則に単に根拠規定があるだけでは不十分と解されている（ただし，学説上は争いがある）。

　ただ出向のなかでも，企業グループ内での人事異動という性格が濃い場合は，実質的には配転なので，配転と同じ要件でよいとする見解も有力だ（判例〔新日本製鐵事件・最2小判平成15年4月18日〔最重判39〕〕は，企業内の業務を関連企業にアウトソーシングしたことにともない，これまでその業務に従事していた労働者が出向を命じられたケースで，労働者の

個別同意を要しないとした)。

---

(2) 事業組織の再編と雇用保障

　新技術の発達による産業構造の変化に対応するため，企業が経営資源を成長部門に集中させ，衰退部門を切り離すこととした場合，衰退部門で働く労働者を成長部門に移行させるという企業内での再配置に成功できなければ，人員が余剰となる。ただ，(1)でみたように，職務の限定のない正社員の解雇は難しいため，企業は衰退部門を丸ごと独立させて，切り離してしまうこともある。そのための法的手法としては，新たな企業（子会社など）を設立し，その企業に衰退部門の事業を譲渡するという方法，あるいは会社法の定める会社分割という方法をとることなどが考えられる（なお，会社を新規設立するのではなく，既存の企業に衰退部門を譲渡したり，会社分割により承継させたりする方法もあろうが，交渉力によほどの差がなければ実現しないだろう）。

　株主の方針によっては，成長部門を他企業に譲渡して利益を得たうえで，衰退部門のみが残った企業を解散するということもあるだろう（ここでも事業譲渡という方法と会社分割という方法とがある）。

　会社分割は，2000年の商法改正により導入されたもの（現在では会社法上の制度）で，会社が，その権利や義務の全部または一部を，他の会社または分割により新たに設立する会社に承継させる制度だ。他の会社に承継させる分割方法を吸収分割，新たに設立する会社に承継させる分割方法を新設分割という。権利や義務のどの部分を承継させるかは，分割契約（吸収分割の場合），分割計画（新設分割の場合）で決められる（会社法757条以下）。

　会社分割のスキームを用いると，もとの会社の権利や義務を包括

的に一括して承継させることができる。ただし、労働関係については、その特殊性を考慮し、労働契約承継法という法律を制定して、特別なルールを適用することとした。それによると、「承継される事業に主として従事する労働者」は、分割契約または分割計画で承継対象とされれば当然に分割後の会社に承継され（3条）、承継対象とされなければ、本人が異議を申し立てれば、承継される（4条）。また「承継される事業に主として従事していない労働者」は、分割契約または分割計画で承継対象とされた場合、異議を申し立てれば承継対象から外れ、元の会社に残ることができる（5条）。

つまり、会社分割のスキームを用いて、他会社や新設会社に事業を承継させると、その部門に主として従事している労働者を分割先の会社に強制的に承継させることができるのだ。労働者は、事前の協議手続に瑕疵があった場合（日本アイ・ビー・エム事件・最2小判平成22年7月12日〔最重判74事件〕）以外は、とくに会社分割手続に瑕疵がないかぎり、労働契約の承継について争うことはできない。

一方、事業譲渡については、とくに法律上の規制はないので、労働者を譲渡先企業に承継させるか否かは、譲渡元企業と譲渡先企業の合意で決めることができる。承継対象とする場合には、労働者の同意がなければならない（民法625条1項）という点が、会社分割との違いだ（2016年に制定された事業譲渡等指針によれば、譲渡元の過半数代表との事前協議も努力義務とされている）。つまり、労働者には承継先への転籍を拒否する権利がある。衰退部門の事業譲渡にともない、労働者に転籍を強制することは許されないのだ。

逆にいうと、成長部門が事業譲渡されたときに、労働者は承継対象から排除されても、承継を求める権利はなく、その後に会社が解散し、それにより解雇されても、原則として、労働者はその有効性を争うことができないのだ。

要するに，企業には，衰退部門から成長部門への事業再編にともない不要な人材を放逐する方法がないわけではない。しかし，事業譲渡後の会社解散による解雇といった事例では，それが労働契約法16条の解雇規制を潜脱する目的でなされたケースであると判断されると，さまざまな法律論（法人格否認の法理［⇒71頁］など）が駆使されて，労働契約の継続が認められる可能性はある（たとえば新関西通信システムズ事件・大阪地決平成6年8月5日）し，また会社解散をした会社の経営者が，損害賠償責任を追及される可能性もある（会社法429条などを参照）。

(3) 解雇の金銭解決 ―立法論―

　企業にとって，技術革新に対応するため，とくに衰退部門から成長部門に業種転換するには，成長部門を支える技能をもつ労働者をどのように確保するかが重要なポイントとなる。すでにみたように企業内での再配置が難しい以上，人材の入れ替えはどうしても必要となるが，現行の解雇規制の下では，それは容易ではない。

　だからといって解雇規制をただちに撤廃し，アメリカのような解雇自由の原則（随意雇用原則［employment at will］）の国になるのは，これまでの日本的経営と正反対の方向に行くあまりにラディカルな改革だ。これは，第2の労働法である正社員制度をいきなり放棄することにもなり，その副作用も心配だ。とくに懸念されるのは，人材を大切にしない経営をしてよいという誤ったメッセージを経営者に送ってしまうことだ。人材を大切にすることが，労働市場政策においても，企業経営においても肝要であるのは言うまでもないことだ。

> **コラム** 解雇規制と格差問題
>
> 　正社員制度の放棄には副作用があるとしても，本書で繰り返し述べるように，正社員制度を維持し続けることそれ自体はもはや困難で，政策としては雇用流動型に舵を切る必要がある。それに加えて，正社員制度を維持することの副作用も考慮しておくことが必要だ。それは正社員に雇用保障があるからこそ，バッファーストックとしての非正社員が必要となり（⇒95頁），今日の格差問題が生まれているという点だ。もし正社員の解雇規制が緩和されれば，非正社員の存在意義は小さくなり，格差問題はおのずから解決されていくだろう。
>
> 　解雇規制の緩和は，生産性の低い正社員を解雇し，非正社員を登用する機会を広げるという意味もある。長期雇用慣行は，いったん正社員となった者に雇用の安定を与えるが，それ以外の者のチャンスを奪っている。これも格差の原因だ。解雇規制の緩和は，人材の入れ替えを可能とするという点で，労働者間の公平性の実現に貢献し，格差問題の解決のための有力な処方箋となるのだ。

　とはいえ，現行の解雇規制を，そのまま維持しておくということも，もはや現実的ではない。解雇規制の見直し論が出てきているのは，このような事実認識によるものだ。ただ注意すべきは，見直しの対象として指摘されているのは，解雇に客観的合理性と社会的相当性を求める点にあるのではないことだ。欧州の国でも表現こそ違え，同様の正当理由を求めるところが多い。問題としているのは，日本の特徴は，不当な解雇がなされた場合の効果が，無効しかないという点だ。このような国は，現在，先進国では日本だけだ。

日本の労働法がモデルとすることの多いドイツ法では，不当な解雇は原則として無効だが，企業または労働者からの申立てにより，一定の要件を充足すれば，裁判所の判決により金銭解決をすることが可能だ。ここでいう金銭解決とは，裁判所が，企業に一定の補償金の支払いを命じたうえで，労働契約関係の解消を認めるというものだ。

　その他の国でも，やり方に若干の違いがあるとはいえ，解雇が不当とされても企業が労働者を原職復帰させないかぎり，一定の金銭補償によって，労働契約を解消させる仕組みがある。とくにイタリアでは，2012年の法改正までは，小規模の企業を除き，不当な解雇がなされた場合，労働者に，解雇無効（原職復帰）か金銭補償かを選択する権利が認められていて，解雇無効しか定めていない日本よりも厳格な規制内容だった。しかし，2011年に起きたイタリアの財政危機の下，国の信用力を高めるためには，労働市場改革が必要とされ，なかでも解雇規制の硬直性を改めるべきとする議論が起きた。そして，ついに，これまで規制緩和に強硬に反対していた労働組合や左派の政治勢力も態度を軟化させ，金銭解決を原則とする法制度の導入にいたったのだ。

　このように解雇規制のある欧州諸国でも，不当な解雇の効果として金銭解決の仕組みをもっていることを考えると，日本だけが現行の法規制を維持するのは，日本が過度に硬直的な法規制をもっているという印象を与えかねない。これは外国の投資家に日本企業の魅力を減殺する効果をもつだろう。

　実際には，日本の企業は，ほんとうに必要な人員整理は，退職金の積増しなどを提示しながら希望退職を募集し，最終的には労働者から退職の同意をとりつけるなどの方法で行っている。これは解雇の金銭解決と同様の機能をもつともいえる。だから，あえて法制度

として解雇の金銭解決を導入することは不要だという議論もありうるが，次の二つの点から，この議論は妥当ではない。

一つは，実態として雇用調整がなされているならば，その実態を法規制にも反映したほうがよいということだ。外国の投資家など対外的なことを考えると，法規制が硬直的であるかぎり，日本企業が雇用調整のしにくい法環境にあると受け取られる。実態がそうでないのなら，法制度も実態にあわせたほうがよい。

2006年から施行されている簡易迅速な個別労働紛争の解決手続である労働審判では，「当事者間の権利関係を踏まえつつ事案の実情に即した解決をする」ことが目的とされている（労働審判法1条）。そこでは，解雇紛争では，不当な解雇であることを確認したうえで，実情をふまえて，あえて労働契約法16条に基づく原職復帰（解雇無効）を命じずに，金銭解決を命じるものがほとんどだとされている（同法20条2項を参照，労働審判については，菅野 2013を参照）。つまり労働紛争処理の最前線では，解雇の金銭解決が一般化しているのだ。労働審判で金銭解決がなされているから，あえて現行法を変えなくてもよいという有力な見解もあるが，金銭解決が当事者のニーズであるのなら，それを法制度に反映させるのが正道だろう。

用語解説　原職復帰

解雇が無効となると，労働契約は解雇時に遡って存在したことになり，労働者は元の職場に復帰（原職復帰）できることになる。もっとも，労働者は，実際に復職させるよう求める権利はない。就労は労働者の義務ではあっても権利ではないので，実際に就労させること（労働者の労務を受領すること）は，企業の義務ではない。労働者側からいうと就労請求権はないということだ。

実際，裁判所で解雇が無効と判断されても，企業はいったん解雇した労働者を，復職させたくはないと考えるものだ。ただし復職させなくても，賃金の支払

義務は残る。企業の責任で労務の提供ができなくなった以上，労働者の賃金請求権は失われない（民法536条2項）。こうなると，企業としては働かせていないのに賃金だけ支払い続けなければならなくなり，いわば赤字の垂れ流しとなる。

このため実際には，解雇が無効となったときには，原職復帰ではなく，労働契約の解消に向けた交渉がなされ，最終的には企業が一定の補償金を支払ったうえで合意で退職するのが一般的なのだ。これも一種の金銭解決と言えなくもない。

労働者にとっても，自分を解雇した企業にしがみつき，いわば飼い殺しの状況が続くよりも，一定の金銭を得て再就職を目指したほうが建設的だ。ただ，労働者は，復職の意思がなくても，いったんは裁判を起こす可能性が高い。最初から補償金の交渉をするよりも，労働契約法16条の定める解雇無効を勝ちとれば，それだけ交渉力が高まるからだ。

しかし，これが労働契約法16条の本来の機能とみるべきではなかろう。

もう一つは，実態として雇用調整がなされているとしても，それが企業と労働者との間の交渉（それは必ずしもスムーズにいくものではない）によりなされているとすれば，法律上の仕組みを設けて，その枠で金銭解決を進めていくほうが効率的ということだ。また現行の希望退職は，優秀な人材ほどこれに応募する傾向にあるので，企業にとって必ずしも都合のよいものではない。むしろ，企業が不要と考える人材にターゲットをしぼって無用な雇用調整を避けるようにするためには，希望退職よりも，解雇のほうが望ましい。もちろん解雇される労働者に対する所得保障に配慮すべきなのは言うまでもない。その点で金銭解決を法定化して，交渉によるのではなく，補償金を請求する権利を認めることは，労働者にとってもメリットがあるのだ。

解雇の金銭解決をめぐっては，①金銭を支払えば解雇を有効とする事前型と，裁判所が不当な解雇と判断しても，金銭を支払うこと

により労働契約を解消できるとする事後型のどちらをとるべきか（法学者の間では事後型が有力），②金銭解決を労働者から申し立てられるようにすることには異論は少ないが，企業からの申立ても認めるべきか（企業申立てを認めなければ，本書で主張するような金銭解決制度の導入のメリットは少ない），③金銭解決を認める違法な解雇の範囲（差別的解雇など一定の悪質な解雇については，現行法どおりに解雇無効でよいという考え方は，金銭解決制度の推進論者の間でも有力），④補償額を誰が（裁判所の裁量か，労使の合意尊重か）どう決めるか（上限設定型，下限設定型，レンジ型など），⑤退職にともない支給される既存の給付（解雇予告手当，退職金，雇用保険給付など）との関係をどう整理するか，などの論点があり，政府内での検討が進められているものの，出口がなかなか見つからない状況だ。

とくに④の補償額については，その額が高ければ労働者は受け入れやすいだろうが，中小企業などは反対するだろうし，また裁判所の裁量にゆだねるとすると予測可能性が低下するという問題がある。

いずれにせよ，少なくとも事後型の解雇の金銭解決という仕組みは，不当な解雇をしてはならないという原則を維持しながら，労働者の所得保障も行い，企業にとって必要な雇用調整手段を認め，雇用の流動化を図ろうとするものだ。

とくに企業申立てによる解雇の金銭解決制度が導入されれば，企業間や産業間での人材の再配置は，金銭的なコストの問題となり，政府の助成などの介入もいっそうしやすくなる。不当な解雇は無効という硬直的な法の仕組みを変えることは，第4次産業革命が進行するなかで生じる産業構造の大転換に対応するためにも，どうしても必要な政策なのだ。

補論　ガイドライン方式

　企業が，採用や育成にコストをかけた正社員を解雇するのには，それなりの理由があるはずだ。現行の解雇規制（労働契約法16条）も，前述のように解雇がおよそできないとしているわけではない。問題は，企業にとって理由があると考えて行った解雇と，裁判所が法的に有効と考える解雇との間にズレがあることだ。そのズレが小さくないために，解雇規制が硬直的だという批判が生じやすくなる。本来，解雇の要件が明確であれば，こうしたズレは生じにくくなるはずだが，解雇の要件が客観的合理性，社会的相当性といった抽象的なものなので，現状では，どのような場合に解雇が有効となるかについての予測可能性が低くなっている（とりわけ裁判官が個々のケースで企業に対してどこまで解雇回避努力を求めるかの予想がつきにくい）。

　このような問題を解決するためには，どのような場合に解雇が有効となるかについて，法令で細かく要件を定めることも考えられるが，現実の解雇事例は多様なので，これを法令であらかじめ定めることは現実的ではない。そこで考えられるのは，法令において，どのような解雇が正当なものかについての一般的なガイドラインを定め（その際には既存の裁判例を考慮する），このガイドラインに則して各企業で解雇事由や手順などの解雇ルールを具体的に定め，実際の解雇がそれに則したものであれば，裁判所は有効と判断しなければならないという方式の導入だ。これによると，裁判所は，企業が設けた解雇ルールが，ガイドラインに則したものであるかどうかと，実際に行われた解雇が，企業の設けた解雇ルールに則したものであるかどうかだけをチェックすることになり，予測可能性は格段に高まるだろう（大内 2013・175頁以下）。

3 職業訓練政策

(1) これまでの職業訓練政策

すでにみたように職務型の働き方であれば,職務無限定の伝統的な正社員よりも,能力不足による解雇や整理解雇の可能性が高くなる。また,金銭解決などの雇用の流動化を進める政策が導入されれば,企業間や産業間の人材の再配置(労働移動)が起こりやすくなる。

もっとも,こうした労働移動が,技術の発展と技能の陳腐化により生じるとすれば,労働移動がうまくいくかどうかは,いかにして移動対象となった労働者が新たな技能の習得に成功するかにかかってくる。その点での政策を進めることこそが,新技術の影響を受ける労働者にとっての真のセーフティネットだともいえる。

すでにみたように,日本の職業訓練は,企業内訓練(とくに OJT [on-the-job-training])が中心で,こうした訓練を受けて技能を蓄積できるというメリットを享受できることが,正社員制度の基礎にあった。とくに長期雇用で職務無限定の正社員に求められる技能の習得は,個々の企業に特有なもののウエイトが大きく,それは,企業外訓練(Off-JT)には適さないという面もあった(⇒81頁)。

しかしながら,技術の急速な発達と求められる技能の変化は,正社員制度を徐々に変容させ,企業が時間をかけて訓練することを難しくしていくだろう。人工知能やロボティクスの発達は,機械との代替可能性を視野に入れた職務編成を必要とし,人間の働き方も職務型になっていく。こうして,これまで主流であった企業内訓練とは異なる職業訓練のあり方が必要となるのだ(⇒47頁,117頁)。

もちろん,日本の職業訓練政策が,一貫して技能の習得を重視してきたことも事実だ。労働基準法の第7章の見出しは「技能者の養

成」であり、その中心となる70条は、制定当初は「長期の教習を必要とする特定の技能者を労働の過程において養成するために必要がある場合においては、その教習の方法、使用者の資格、契約期間、労働時間及び賃金に関する規程は、命令で定める」という内容だった。この規定に基づき、「技能者養成規程」が制定され、訓練職種が指定されていた。

1958年に制定された職業訓練法の目的は「労働者に対して、必要な技能を習得させ、及び向上させるために、……工業その他の産業に必要な技能労働者を養成」することとし（1条）、1969年の改正時に、これが「技能労働者の職業に必要な能力を開発し、及び向上させる」ことと表現が改められた。これが1978年の改正時に「職業に必要な労働者の能力を開発し、及び向上させること」（1条）と改められ、目的規定から「技能」という言葉がなくなった（1985年に制定された職業能力開発促進法でも、この文言は引き継がれている）。ここからわかるのは、職業訓練政策の目的が、特定の職務を遂行するための技能形成から、より広い「職業能力」の開発・向上へとシフトしていることだ。職務無限定の正社員を中心とする正社員制度の定着を反映したものだろう。

その一方で、技能に着目した施策がなくなっているわけではない。技能検定制度はずっと維持されており、2015年の職業能力開発促進法の改正では、さらに拡充されている。また同改正ではジョブ・カード（職務経歴等記載書）が制度化され（15条の4第1項）、職務経歴に着目した雇用政策を展開しようとしている。

内部労働市場における企業による職業訓練（その中心は企業特殊訓練）とは異なり、外部労働市場における職業訓練政策は、限定された職務やそれを遂行するために必要な技能の育成という要素を強くもたざるをえない。その意味で、職業訓練政策は、その原点に立ち

返る必要が生じている。

(2) 労働市場政策の新たな理念としてのキャリア権

2000年代にはいって以降の職業訓練政策に大きな影響をもたらしたのが、キャリア権という概念だ。2001年の職業能力開発促進法改正および雇用対策法の改正において、労働者個々人の「職業生活」（キャリア）を支えることが、基本理念に取り入れられたのも、キャリア権のインパクトだ。

用語解説　キャリア権

キャリア権を一言で言えば、人々が職業上のキャリアを生涯にわたって展開していくことができる権利といえよう。こうした権利が必要となってきた背景には、次のような事情があった（諏訪1999）。

労働者にとっての財産となるものは、当初は、「職務（job）」、それから、「雇用（employment）」、そして「キャリア（career）」へと変わってきた。労働者の多くが職人で、自分の専門の技能を磨くために修行をして親方をめざしたような時代では職務こそが財産だった。こうした職人たちは、自分たちの財産を守るために、職能別組合（クラフト・ユニオン）を結成したりもした。

ところが、技術革新が起きると、従来の技能が使い物にならなくなる。当初は新技術に抵抗していたとしても（ラッダイト運動など）、時代の波に抗することはできなかった。そこから出てきたのは、雇用こそが財産であるという考え方だ。職務が変わっても、今ある雇用は財産として守られなければならないということだ。日本で、終身雇用と呼ばれる長期雇用慣行が形成されてきたのは、この考え方による。終身雇用の下では、労働者はさまざまな職務を経験するので、特定の職務は財産としては保護されないが、職務が変わっても、雇用は守られる。労働者にとっての財産は、職務ではなくて、雇用なのだ。

ところが、近年のように、終身雇用が徐々に崩壊し、一つの企業（ないしグループ企業）内で職業人生をまっとうすることが難しくなってくると、労働者にとって大事なのは雇用ではなく、転職も想定したうえで、職業キャリアを継

続して発展できるようにしていくこととなる。

このような考察に基づき、キャリアこそが財産であるという考え方を法的な権利に高めたのが、キャリア権論だ。

労働市場政策や労働法の理念は、雇用の安定からキャリアの安定へと、あるいは、雇用保障からキャリア保障へと移行すべきというキャリア権論は、本書の提示する労働法改革の根底にある基本コンセプトだ。

たとえば、この改正により、職業能力開発促進法は、職業能力開発促進の基本理念という表題の下に、「労働者がその職業生活の全期間を通じてその有する能力を有効に発揮できるようにすることが、職業の安定及び労働者の地位の向上のために不可欠であるとともに、経済及び社会の発展の基礎をなすものであることにかんがみ、この法律の規定による職業能力の開発及び向上の促進は、<u>産業構造の変化、技術の進歩その他の経済的環境の変化による業務の内容の変化に対する労働者の適応性を増大させ、及び転職に当たつての円滑な再就職に資するよう</u>、労働者の職業生活設計に配慮しつつ、その職業生活の全期間を通じて段階的かつ体系的に行われることを基本理念とする」（下線は筆者）という規定を置いた（3条）。

また、雇用対策法は、雇用政策全体の基本理念として、「労働者は、その職業生活の設計が適切に行われ、並びにその設計に即した能力の開発及び向上並びに転職に当たつての円滑な再就職の促進その他の措置が効果的に実施されることにより、職業生活の全期間を通じて、その職業の安定が図られるように配慮されるものとする」という規定を置いた（3条）。

これらの規定で用いられている職業生活設計という概念は、「労働者が、自らその長期にわたる職業生活における職業に関する目的を定めるとともに、その目的の実現を図るため、その適性、職業経

験その他の実情に応じ，職業の選択，職業能力の開発及び向上のための取組その他の事項について自ら計画すること」と定義されている（職業能力開発促進法2条4項）。

これらの法規定では，キャリア権という言葉こそ使われていないが，労働者の職業生活全体において，不断の技術革新に適応し，その際には転職・再就職もありうることを想定した政策を政府が展開していくことが示されている。これはまさにキャリア権の理念を取り入れたものだ。

そして，このことは，労働者の職業生活の展開の基本となる能力開発を，正社員制度に依存して企業にゆだねるのではなく，政府も積極的に取り組む必要があることを再確認したということだ。こうした方向性自体は肯定的に評価できる。しかし，より大事なのは，具体的な政策の内容だ。この点については，キャリア権の「生みの親」である研究者の，「近時に導入された『職業生活』という概念が十分に活用されることなく，中途半端な存在にとどまっている現状を見直し，これを核とした制度設計と運用再編が望まれる」という評価のもつ意味は重い（諏訪 2012・13頁）。現状は，まだキャリア権が十分に雇用政策で活かされていないのだ。

(3) これからの職業訓練政策

これからの労働市場政策においては，いかにしてキャリア権の理念を具体的な政策に転換していくかがポイントとなる。キャリア権の理念を活かした労働市場政策の究極の目的は，国民一人ひとりが適職につき職業人生における幸福を追求することができるよう（憲法13条も参照），政府がサポートをすることにあるが，とりわけ現在，具体的な政策目標として優先して取り組むべきなのは，次の三つだ。

第1が，国民が技術の発展に対応できるだけのアダプタビリティ

(adaptability：適応力）を高めることができるようにすること，第2が，国民がそうした適応力を身につけることによって，自分の技能をできるだけ高く評価してくれる職場を見つけるというエンプロイアビリティ（employability：転職力，就労能力）を高めること，第3が，それをサポートする政策として労働市場サービス（職業紹介や労働者派遣など）を整備することだ（大内 2015a・85頁）。

第3の労働市場サービスについては後述するとして（⇒本章4），第1と第2の課題については，現在の正社員層の職業転換については，ただちにあてはまらない。中高年齢層の者は，新たな技能を習得するという形での職業転換は容易ではないので，アダプタビリティやエンプロイアビリティの向上を図る政策は，労働者のニーズに合わない可能性が高い。

もっとも，今後はICTや人工知能（AI）などの活用による職務の単純化が進み，新しい技能の習得をしなくても職務の転換ができたり，ロボットのサポートを受けて，身体的負担を軽減した職務が増えたりするので，そうした職務への転換がスムーズに進むようにするための政策的誘導（とくに即効性のある職業訓練，本人のこれまでの職業経験ができるだけ活かせるような職業紹介）は必要だ（ただし，こうした単純化・軽易化された職務も，技術の発達で機械によって次々と代替される可能性はある）。職務の単純化・軽易化により，賃金の低下は起こりうるものの，雇用保険などの活用により，できるだけ従前の所得が維持されるようにし，社会不安を引き起こさないようにすべきだ。このように，現在の中高年齢層の者には，適切な職業転換政策と所得保障とをミックスしたセーフティネットを講じていくことが必要だ。

一方，新しい技術を活用して，これからの雇用社会を乗り切っていかなければならない若年層に対しては，別の政策が必要だ。雇用

の代替は段階的に起こるが、そのスピードはかなり早いことが予想される。10年後のことだけを考えて準備をしても、それでは十分でない可能性が高い。そうした雇用の新陳代謝について、情報を入手し、分析して伝えるのは、政府がやるべき仕事だ。政府がそれを的確に行うためには、産業の現場で技術革新に取り組んでいる民間企業との連携が不可欠だろう。また、正社員となることを是とする考え方を転換するための意識改革も同時に必要だ（大内 2014a。自営的就労まで視野に入れた政策については、⇒194頁以下）。

いずれにせよ、産業構造の急速な展開に対応できるような将来の職務や技能に着目した訓練は、その効果がでるまでに時間がかかることから、できるだけ早急に取り組むべきだ。

> コラム **産業構造の転換に伴う職業訓練**
>
> 日本の石炭産業は、1955年の石炭鉱業合理化臨時措置法の制定以降、政策的に進められたエネルギー産業の構造転換の影響を受け、石炭産出に従事していた炭鉱労働者は職を失っていった。そこで、こうした労働者への支援のために、1959年の炭鉱離職者臨時措置法が制定された。
>
> 同法は、労働大臣に対して、「炭鉱離職者が炭鉱労働者以外の職業に就くことを容易にするため、必要な職業訓練の実施に関し特別の措置を講ずるものとする」（5条1項）として特別な職業訓練措置を定めていた（そのほかにも、労働大臣による居住地域外での就職を促進するための職業紹介計画の作成や、炭鉱離職者緊急就労対策事業に関する計画作成、炭鉱離職者援護会の設立などの規定があった）。ある研究によると、「炭鉱離職者の再就職は、総じて大きな社会混乱を生じることなく遂行された」が、そこからの教訓として、「産業構造の転換期に、産業転換を迫られる労

働者には,一時的な応急的な失業対策ではなく,『総合的支援』が必須であり,かつ個別事情に応じたパーソナルな支援・斡旋が効果的である」とされている(嶋﨑 2013・4頁)。

第4次産業革命による産業構造の転換においても,このときの経験は活かされるべきだが,転換は産業全般に大規模に起こることが予想されるため,どこまで政策的な資源(ヒト,カネ,アイデア,情報など)をタイムリーにかつ戦略的に投入できるかが重要な課題だ。

4 労働市場サービス

(1) 公的独占から民間への開放へ

人材の企業間・産業間の再配置を積極的に進めていくうえで,職業訓練(職業能力開発)政策と並んで重要なのが,種々の労働市場サービス(マッチングサービス)が効率的に行われるようにすることだ。

労働市場サービスは,長年,公共職業安定所が独占的に行い(公的独占),民間の事業者によるものは,有料,無料を問わず,職業安定法により,強い規制を受けてきた(職業紹介,労働者募集,労働者供給が規制の対象だった)。なかでも有料の労働市場サービスについては,労働基準法において,「何人も,法律に基いて許される場合の外,業として他人の就業に介入して利益を得てはならない」(6条)という「中間搾取の排除」の規定に象徴されるように,かつての人身売買のような封建的な労働慣行への反省から厳しく規制されてきた。

ただ,こうした状況は徐々に時代遅れのものととらえられるようになる。企業が専門的な技能をもつ労働者を必要とする場合,容易

には見つけることができないため、信頼できる紹介サービスへの需要がある。労働者のほうも、自分の専門的な技能を活かせる企業について、より詳しい情報をもつ紹介サービスがあると、適切な職場を見つけやすくなる。つまり、労働者にとっても、労働市場サービスは、人権侵害をもたらすよりも、適切な職場を見つけるための情報や機会を獲得できる場という意味のほうが強いのだ。

後述のように、1985年には労働者供給事業の禁止の例外として、労働者派遣が解禁され、1999年には、労働者派遣事業の可能な業務および有料職業紹介事業の可能な業務について、原則自由化がなされ（ポジティブリストからネガティブリストへ）、民間企業の参入できる領域が広がった。これは、労働市場を規制の対象とするよりも、弊害を適切に抑えながら、むしろ市場のもつマッチング機能を利用することを、政策の目標とすべきという大きな価値転換が生じたからだ（1997年のILO 181号条約が、民間の労働市場サービスに対して、従来のスタンスを転換して、その役割を肯定的にとらえたことの影響も大きい）。

今日、労働市場サービスの代表的なものとしてあげられるのは、職業紹介と労働者派遣だ。両者の違いは、職業紹介が、企業と紹介された労働者との間に直接的な労働契約を成立させることを目的とするのに対して、労働者派遣は、派遣会社に雇用された労働者をユーザー企業で就労させるという間接雇用形態であるところにある。

一般的には、正社員の採用となると職業紹介が利用されるが、専門的な職務であれ、単純な職務であれ、特定の職務についての労働力となると、直接雇用であれば非正社員の職業紹介となる。ただ、企業内での教育訓練を行う正社員制度が崩れていき、産業構造が急速に変化するなかで、できるだけその時々の専門的な技能をもつ労働力を調達しようとする企業は、間接雇用の労働者派遣への需要を

いっそう高めるだろう。直接雇用の場合，現行法の下では，有期雇用であっても，その規制を強化する動きがあり，(⇒71頁以下，96頁以下)，刻々と変化する企業の専門的な労働力へのニーズに適合させにくくなっているからだ。

(2) 労働者派遣

労働者派遣は，専門的な技能をもつ労働力の調達方法として，1985年の労働者派遣法の制定により，職業安定法上の労働者供給事業の禁止（厚生労働大臣の許可を得て労働組合が行う無料のもののみ可能）の例外として，解禁されたものだ。労働者派遣が，安価な労働力として正社員の雇用を侵食すること（常用代替）が起こらないようにするため，正社員では活用しにくいような専門的な業務に限定して労働者派遣は解禁された（派遣可能業務は，当初13業務で，その後26業務まで拡大された。ただし，ファイリングやビルメンテナンスのように，厳密にいうと，専門的な業務とは呼びにくいものも含まれていた）。

つまり，労働者派遣とは，本来，専門業務派遣のことなのだ。ただ，その特徴は，1999年の法改正で，大きく修正された（⇒(1)）。この法改正で，労働者派遣は，一部の派遣禁止業務（建設，港湾運送，警備）を除き，原則としてすべての業務に解禁された。新たに解禁された業務（自由化業務）には，すでに派遣が認められていた専門業務とは異なり，派遣可能期間が厳しく制限されるなどの規制はあったが，この改正により，専門業務についての労働力のマッチングの手段という派遣の性格が薄まった。とりわけ2004年に製造業務派遣が暫定的な禁止対象から外され解禁されると，企業のチープレイバーの利用手段としての性格が強まった。このことは，派遣のイメージを悪化させることになり，とくに2008年のリーマンショック後に，いわゆる派遣切りと呼ばれる現象が社会問題となってからは，派遣

は，それで働く者の数は決して多くはないものの，劣悪な非正社員の働き方の典型とされるようになった。

　そのため2012年改正では規制強化がなされ，2015年改正では，それまで維持されてきた専門業務派遣とそれ以外の自由化業務の派遣という区別が撤廃され，新たな規制が導入された。派遣会社での雇用期間が有期（有期雇用派遣）か，無期（無期雇用派遣）かに分け，前者のみが規制の対象とされることになったのである。具体的には，派遣の上限期間が，個人単位では同一組織で3年とし，事業所単位

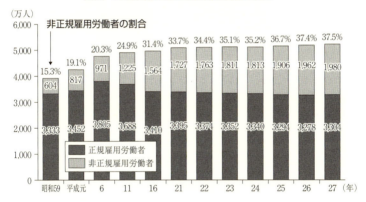

図表　正規雇用と非正規雇用労働者の推移

注1）　平成17年から平成22年までの数値は，平成22年国勢調査の確定人口に基づく推計人口（新基準）の切替による遡及集計した数値（割合は除く）。
　2）　平成23年の数値，割合は，被災3県の補間推計値を用いて計算した値（平成22年国勢調査基準）。
　3）　雇用形態の区分は，勤め先での「呼称」によるもの。
　4）　正規雇用労働者：勤め先での呼称が「正規の職員・従業員」である者。
　5）　非正規雇用労働者：勤め先での呼称が「パート」「アルバイト」「労働者派遣事業所の派遣社員」「契約社員」「嘱託」「その他」である者。
　6）　割合は，正規雇用労働者と非正規雇用労働者の合計に占める割合。

出典：平成11年までは総務省「労働力調査（特別調査）」（2月調査），平成16年以降は総務省「労働力調査（詳細集計）」（年平均）

では3年（派遣先の労働者の過半数代表からの意見聴取による更新は可能）となった。これにより，これまでは派遣期間の上限がなかった専門業務派遣でも，有期雇用派遣の場合には，上記の期間制限を受けるようになった。

このように労働者派遣法上の規制については「迷走」がみられるが，派遣は本来は専門業務派遣として，専門的技能をもつ労働者とそうした労働者を需要する企業とのマッチングをするための手段だ。少なくともそうした派遣については，派遣可能期間の制限は不要だ。

職務型の働き方が増え，産業構造が変わっていくことが予想されるなか，新技術に対応した専門的な技能をもつ労働力のマッチング手段としての労働者派遣への期待は大きい。政府は，その機能が阻害されることのないよう，2015年改正で導入された規制は即刻見直すべきだ。もちろん派遣には問題事例も多いが，それはそうした濫用的な派遣の活用のみを規制するようなアプローチで臨むべきだろう（島田 2013・35頁）。

> **コラム　ドイツのハルツ改革**
>
> 日本で最近注目されているのが，ドイツで2002年以降に進められた労働市場改革（いわゆるハルツ（Hartz）改革）だ。そのエッセンスは，①職業紹介の効率性の強化，②アクティベーション（Aktivierung）ないし失業予防に対する自己責任強化，③労働市場の柔軟化（解雇，有期雇用，労働者派遣などに関する規制の緩和）だ。労働市場の機能強化によるセーフティネットの向上という方向性がうかがわれる。現在，この改革を振り返ると，失業は減少したが，不安定雇用が増加したとの指摘もある（橋本 2014）。

ハルツ改革は，眼前の失業問題に対して，自己責任を強化しながら，労働市場のマッチング機能を強化して対処しようとしたものだが，積極的な雇用流動型政策を採用したものではない。
　欧州の雇用戦略で，積極的労働市場政策（Active Labor Market Policy）というとき，失業者への所得保障を中心とする従来型の労働市場政策とは区別して，労働者の再就職を促進し，失業期間の短縮を目的とする政策を指すことが多い。エンプロイアビリティの向上，労働市場のマッチングの強化，雇用創出，起業促進などが，そうした政策に含まれる。もっとも，このことと雇用流動型政策とは，必ずしも同一ではない。積極的労働市場政策は，雇用維持型政策の下でも展開することは可能だからだ。

5　小括

　第4次産業革命の進行は，日本型雇用システムの中核で，第2の労働法でもあった正社員制度の維持を困難とするものだ。

　新しい技術の進歩のスピードは，企業内での教育訓練による再配置で対応できるものではない。もちろん職務限定のない従来の正社員の解雇は法的には簡単ではない。ただ，人工知能やロボティクスの発達により，企業は，人間と機械の間の職務の振り分けをより精密に行うようになるだろう。人間に割り当てる職務は機械にやらせるのに適さない職務に限定されるようになり，そうなると職務型の働き方が増えていくことになるだろう。またグローバル化の深化は，働き方そのものを国際スタンダードの職務型に変えていく推進力となる。さらに企業内訓練の必要性が低下すれば，むしろ個々の職務

のプロの人材を集めて事業を遂行したほうが経営の効率がよくなる。こうしたさまざまな要因から職務型の働き方が広がるのだ。職務型の場合には、労働者の従事する特定の職務が不要となれば、現行の解雇規制を前提としても、雇用の維持は困難だろう。

　他方、職務無限定の従来型の正社員を抱え込まなければならない企業も、当面は少なからずあろう。こうした正社員を職務限定型にいきなり変更することは、少なくとも労働者の同意がなければ難しいし、それに応じないことを理由とする解雇（一種の変更解約告知［⇒89頁］）も法的には容易でない。ただ、これをそのまま放置することは、企業の競争力を弱め、産業政策的にみれば大いに問題だ。解雇規制は、そもそも経済的合理性もふまえて展開してきたものであることを考慮するならば（⇒65頁以下）、企業の衰退部門から成長部門への転換が、解雇規制ゆえに容易でないのならば、解雇規制のほうを新たな環境に適合させていく必要があるのだ。

　そこで検討されるべきなのが、解雇の金銭解決だ。解雇の金銭解決は、解雇が法的にみて不当であるとされる場合でも、企業が労働者に一定の補償金を支払うことによって、労働契約の解消を認めるという制度だ。

　いずれにせよ、正社員制度、およびその中核にある解雇規制を、現状のままで維持することは難しい。従来の労働市場政策は、特定の企業での雇用維持を重視するものだったが、もはや日本の労使がこれを維持しようとしたとしても、技術革新やグローバル化などの客観的な状況が、それを困難としている。

　国の雇用政策も、これまでの正社員制度を軸とした雇用維持型政策を見直して、いかにして離職した労働者が、適職をみつけて移籍できるかに重点をおいた雇用流動型政策に大きく舵を切ることが必要なのだ。

そのための政策の基本的な理念となるのがキャリア権だ。この権利は労働者が自らの職業キャリアの展開を特定の企業にたよらないで，職業生活を通じて，主体的にキャリアを展開できるよう，政府がそれをサポートすることを求める権利だ。企業をとおさず，国が直接，国民一人ひとりが職業人生の全体を通じて幸福を追求できるようにすることを，権利として保障するのがキャリア権だ。

　そこで政府に具体的に求められるのが，新たな技能を習得して職務転換が可能な人材と，そうでない人材とを区別して，それぞれに合った労働市場政策を進めることだ。後者については，新しい技術による作業の単純化や軽易化のメリットを最大限に活かせるような配置転換を，時限的であれ進めて，新技術による雇用の代替のインパクトをできるだけ抑えるようにすべきだ。一方，前者の人材（主として，若年層）には，第4次産業革命の担い手となり，同時に，新たな産業社会において適職を見つけられるようにするための政策を展開していくことが必要だ。

第6章

知的創造的な働き方に向けた改革

1 知的創造的な働き方と労働時間規制

(1) 知的創造的な働き方とは？

　第4次産業革命の影響で，多くの産業において IoT が進行し，ビッグデータと人工知能が活用されていく。そのようななか，労働者にとって重要なのは，そうした新しい技術をいかに活用して働くかだ。IoT ですべてのものがインターネットでつながるということは，さまざまなデータが大量に収集されるということだ。そのような膨大なデータは，人間の手では処理しきれず，人工知能を活用して分析していかざるをえないが，どのような目的で分析させ，その分析結果をどのように活用するかは，人間が自ら考えていかなければならない。第4次産業革命が進行する社会で，人間が積極的な役割をはたせるとすれば，こうした分野だ。つまり，人間が，いかにしてビッグデータと人工知能を活用して，高い付加価値を実現するかが重要で，そこで必要となるのは知的創造性だ。

　労働法の観点から，こうした知的創造性を発揮できるような働き方を考えるとき，まず検討すべきなのは，現行の法規制がこうした働き方の阻害要因となっていないかだ。

　労働法が想定している働き方は，企業の指揮命令の下に，時間的，場所的に拘束されて働くというものだ。しかし知的創造性に必要な

のは，企業の物理的な拘束下で働くことではない。企業としては，知的活動に取り組むようインセンティブを与えることこそ必要だ。労務遂行過程において労働者を拘束することは必要でないばかりか，ときには有害にもなる。

伝統的な拘束的な働き方では，労働者の労働契約上の義務は，企業の指揮命令下で労働に従事することだ。したがって，賃金は，労働者がそのような状態に置かれた量（時間）に対して支払われる。これに対して，知的創造的な働き方の場合には，指揮命令下に置かれていることに意味はなく，賃金はどのような成果を出したかに応じて支払われる。つまり知的創造的な働き方は，拘束性が低く（自由度が高く），成果に応じた処遇を受けるというインセンティブの下で働くことを特徴とするものだ。問題は，こうした働き方に，現行の労働法の規制が対応できているかだ。とくに問題となるのが労働時間規制だ。

今日，労働時間は，長時間労働の是正など，さまざまな観点から議論がなされているが，本書では，もう少し先を見越して，知的創造的な働き方と労働時間制度とを，どのように適合させていくかを検討することとしたい。

補論　長時間労働の是正

労働時間制度をめぐっては，政府は，本書でみるような規制の弾力化と併行して，規制の強化をめざす検討も進めてきた。

現行の労働時間規制は，後述のように（⇒(2)）三六協定と割増賃金の支払義務により長時間労働を抑制しようとしてきたが，実際に，日本の労働者の長時間労働による健康障害という問題は改善されていない。ここには，三六協定によるチェックというシステムが十分

に機能しておらず，また割増賃金の制度は，かえって労働者を長時間労働へと誘導する機能をもっているという問題があった。

そこで注目されてきたのが，これとは異なる新たな労働時間規制だ。それがEU法を参考にした，労働時間の絶対的な上限を定める規制と，1日単位での休息時間の確保を定める勤務間インターバルだ（EU法では，割増賃金の制度はない［ただし，各加盟国で任意に導入することは可能である］）。これらは，実は，高度プロフェッショナル制度（⇒158頁補論）の適用対象者に対する健康確保措置の選択肢の1つとして挙げられているが，むしろ一般の労働者に対する新たな労働時間規制として導入すべきものだ（(6)でみるように，自由な働き方をする労働者には，こうした措置を義務づけることは不要だ）。

拘束的な働き方をしている労働者に対する，より効果的な労働時間規制は，労働者の生産性の向上やワーク・ライフ・バランスの実現に資するという意味で，早急に導入すべきものだ。長時間労働の是正は，2016年8月3日に誕生した第3次安倍第2次改造内閣の主要な政策課題となっている。

---

(2) 現行の労働時間規制

労働時間は，法律の明文の定義はないものの，最高裁の判例は，「労働者が使用者の指揮命令下に置かれている時間」と定義している（三菱重工長崎造船所事件・最1小判平成12年3月9日〔最重判98事件〕）。

この労働時間について，労働基準法には，1週の上限は40時間，1日の上限は8時間という規制がある（法定労働時間［労働基準法32条］）。企業はそれを超える時間外労働をさせる場合は，労働者の過半数代表との三六協定の締結と労働基準監督署への届出が条件となり（同法36条），さらに時間外労働の時間数に応じて割増賃金の支払

いが義務づけられる（同法37条）。

労働基準法は，労働時間について，法律で細かく規制するのではなく，時間外労働を認めるかどうか，認めるとしたらどのような場合で，何時間までか（厚生労働大臣告示による上限時間が定められている）を，労使間で締結される三六協定にゆだねるとともに，割増賃金の義務づけにより，時間外労働のコストを高めて，長時間労働を抑制しようとしたのだ。

現実には三六協定は，長時間労働に対するチェック機能を十分にはたしてこなかったので（大内 2015・117頁以下），日本の時間外労働の規制の中心は割増賃金だったといえる。

労働基準法上の労働時間規制は，労働者が同意をしていても，法律の基準を下回る内容であれば有効ではない（強行法規性）。その意味で契約の自由は制限されている。労働契約は，労働者と企業との間に非対等性があることを前提としているので，法律で定めた基準よりも労働者に不利な合意は許さないのだ。

したがって，時間外労働に対する割増賃金を法所定の25％（1ヵ月の時間外労働が60時間を超える場合には，さらに25％の引上げか，労使協定に基づく代替休暇の付与［労働基準法37条1項・3項］）よりも低い20％とすることや，割増賃金の算定基礎額について，法令で除外してよいと定められているもの（労働基準法37条5項，労働基準法施行規則21条）とは異なるものを除外することなどは許されない。

それのみならず，割増賃金は，法律は企業に対して実際の時間外労働時間に応じて支払うことを求めているので，当事者間の合意で，実際の時間外労働時間に関係なく定額制にすることも許されない。さらには，割増賃金を，基本給のなかに組み入れるような合意も，割増賃金の算定基礎となる基本給の部分と割増賃金として支給されている部分とが判別できないかぎり，法律所定の割増賃金を支払っ

たかどうかの確認ができないので違法となり，その基本給の全体を割増賃金の算定基礎として再算定すべきとするのが，判例の立場だ（テックジャパン事件・最1小判平成24年3月8日〔最重判104事件〕）。

このように，法定労働時間を超える時間外労働については，時間比例で割増賃金が決定され，それについて当事者間で独自の合意（法所定の割増賃金額を引き下げる合意）をすることができないというのが，現在の法制度だ。つまり，時間と賃金を切り離すことができないのだ。この点は，拘束性が低く（自由度が高く），成果に応じて処遇するのに適した知的創造的な働き方とは相容れないところだ。

用語解説　労働法の強行法規性

法令には，当事者の合意によって逸脱することができない強行法規（当事者の合意にかかわらず，強制的に適用される規定）と，当事者の合意があれば，その合意が優先される任意法規（当事者の合意によって変更することが認められている規定）とがある。多くの場合，それぞれの法規が，強行法規，任意法規のいずれであるかは，条文上明確ではなく，規定の趣旨等に照らして判断される。民法は，公の秩序に関しない規定を任意法規としている（91条）ので，強行法規は，公の秩序に関する規定と解することができる（公の秩序に反する合意は無効となる〔90条〕）。

ところで，労働基準法は，「この法律で定める基準に達しない労働条件を定める労働契約は，その部分については無効とする」と定めており（13条1文），強行法規であることが明記されている珍しい法律だ。ただし，労働基準法の定める基準よりも労働者に有利な合意は無効ではないので，労働基準法の強行法規性は片面的なものだ。

なお，労働基準法13条は，上記の規定に引き続いて，「この場合において，無効となった部分は，この法律で定める基準による」という定めも置いている。法律の定める基準が，労働契約の内容を直接規律するという効力（直律的効力）までもつことから，労働基準法は，いかなる場合においても最低限適用される基準となる（最低基準効）。だから，25％の割増賃金も，企業がどれだけこれより

有利な合意を労働者との間でしていても,法的には意味がないのだ。

同様の効力は,最低賃金法の定める最低賃金にも明文で定められている(4条2頁)。

---

(3) 労働時間規制の弾力化

労働基準法は,工場労働者の働き方(上長の指揮監督下で,時間的,場所的に拘束された働き方)を規制モデルとしていたため,工場労働者以外の労働者が増えてくると,そうした労働者の働き方に規制を適合させる必要があった。これは上記のシンプルな規制に例外を設けることを意味し,その代表がフレックスタイム制だった。

フレックスタイム制は,もとは変形労働時間制の一種としての位置づけだったが,1987年の労働基準法改正により,法律上の制度となった(32条の3)。この制度の適用を受ける労働者は,自ら始業時刻と終業時刻を決定することができる。ただし,実労働時間の上限規制(1カ月以内の範囲で設定される清算期間の範囲で1週平均40時間におさまるようにすること)はあるので,労働時間の量的な面においては,自分でコントロールできる働き方とは言いがたい。

用語解説　変形労働時間制

一定の期間における総労働時間の1週あたりの労働時間の平均が40時間以内におさまっていれば,特定の週や日において法定労働時間を超えても時間外労働扱いとはならない制度。1カ月単位のもの(労働基準法32条の2)と1年単位のもの(同法32条の4)とがある。また,小売業,旅館,料理店および飲食店の事業においては,1週40時間の法定労働時間は適用されるが,1日10時間までは時間外労働とならないとする変形労働時間制もある(同法32条の5)。

(4) 裁量労働制とその問題点

　労働時間の量的な面でも労働者がコントロールできる自由な働き方を可能とするのが裁量労働制だ。裁量労働制には，1987年の労働基準法改正により導入された専門業務型と1998年の労働基準法改正により導入された企画業務型とがある。

　裁量労働制では，業務の遂行方法を労働者の裁量にゆだねる必要があり，使用者が具体的な指示をすることが困難な業務（専門業務）や，業務の性質上，業務の遂行方法を労働者の裁量にゆだねたほうがよく，使用者が具体的な指示をしないこととする業務（企画業務）については，専門業務型では労使協定，企画業務型では労使委員会の決議により労働時間を決定できる（「労働時間みなし制」。労働基準法38条の3および38条の4）。

　裁量労働制が適用されると，実労働時間による規制は受けないことになり，みなし労働時間を法定労働時間以内にしていれば，三六協定や割増賃金の規定は適用されなくなる。裁量労働制をうまく活用すると，知的創造的な働き方に適合した労働時間管理が可能となりそうだ。

　もっとも，休憩，深夜業，休日に関する規定の適用は排除できないので，その点では，完全に時間的に自由な働き方ができるわけではない。また，裁量労働制は，実労働時間に応じた労働条件規制という原則の例外を設定するものなので，導入の要件が厳格だ。たとえば，専門業務型では，適用できる専門業務の範囲が法令等で限定されているし，企画業務型では，事業の運営に関する事項についての企画，立案，調査および分析の業務のみが対象で，労使同数で構成される労使委員会の5分の4以上の同意による決議という要件もある。

　実際，厚生労働省の「平成27年就労条件総合調査」によると，専

門業務型裁量労働制は，適用対象労働者は1.1%，適用対象企業は2.3%，企画業務型裁量労働制は，適用対象労働者は0.2%，適用対象企業は0.6%だ。その適用状況は，きわめて低調と言わざるをえない。

この数字から示唆されることは，必ずしも明確ではない。日本では，まだ裁量労働制に適した働き方が少ないことを意味しているとの解釈もありうる。しかし，潜在的には裁量労働制に適した働き方があるにもかかわらず，手続が厳格すぎるから，制度の適用が広がらないという解釈もありうる。

専門業務型については，その適用対象が限定列挙なので，産業の情報化にともない新たに生まれてくる職務について，適宜に法令を改正して追加していかなければならないが，それは容易ではなかろう。IT系やビッグデータ系の新しい仕事の分野では，企業の現場にいる者でなければ，実労働時間の規制を外すのに適した知的創造的な働き方かどうかの判断は難しいだろう。

企画業務型においては，第189回国会で提出された労働基準法改正案において，現行の対象業務に加え，「事業の運営に関する事項について繰り返し，企画，立案，調査及び分析を行い，かつ，これらの成果を活用し，当該事項の実施を管理するとともにその実施状況の評価を行う業務」（「裁量的にPDCAを回す業務」），「法人である顧客の事業の運営に関する事項についての企画，立案，調査及び分析を行い，かつ，これらの成果を活用した商品の販売又は役務の提供に係る当該顧客との契約の締結の勧誘又は締結を行う業務」（課題解決型提案営業）が追加されているものの，なおその範囲は限定的だ。

このため，裁量労働制を抜本的に見直して，その適用対象を知的創造的な働き方により適合的なものとするための法的な受け皿を導入する検討が必要だ。

■ **専門業務型裁量労働制対象業務**(労働基準法施行規則 24 条の 2 の 2 第 2 項,平成 15 年 10 月 22 日厚生労働省告示 354 号等)
○新商品・新技術の研究開発の業務
○人文科学・自然科学の研究の業務
○情報処理システムの分析・設計の業務
○新聞・出版の事業における記事の取材・編集の業務
○放送番組の制作のための取材・編集の業務
○衣服・室内装飾・工業製品・広告等の新たなデザインの考案の業務
○放送番組・映画等の制作の事業におけるプロデューサー・ディレクターの業務
○コピーライターの業務
○システムコンサルタントの業務
○インテリアコーディネーターの業務
○ゲーム用ソフトウェアの創作の業務
○証券アナリストの業務
○金融工学等の知識を用いて行う金融商品の開発の業務
○大学における教育研究の業務
○公認会計士,弁護士,建築士,不動産鑑定士,弁理士,税理士,中小企業診断士の業務

(5) 管理監督者に対する適用除外

 労働基準法では,一定の労働者について,労働時間関連規定の適用除外を定めている (41 条)。その代表が,「監督若しくは管理の地位にある者」(管理監督者)だ (41 条 2 号)。管理監督者は,労働時間の規制を受けずに,自らの裁量で労務を遂行することができる。

 もっとも,管理監督者の範囲は明確ではなく,裁量労働制の適用対象者と違って,事前に適用範囲を限定する手続が定められていない。法律にも管理監督者の定義がなく,通達による定めはあるものの,より拘束力のある裁判所の判断は必ずしも統一されておらず,

実務上，管理監督者の範囲は明確でない。

2008年に，日本マクドナルドの店長の管理監督者該当性を否定する東京地裁判決が出て，割増賃金の適用を免れるための「名ばかり管理職」が社会的な問題になった（日本マクドナルド事件・東京地判平成20年1月28日〔最重判106事件〕）が，そもそも法律上の定義や判断基準が存在しないことこそが，実務に混乱をもたらす要因だ。

管理監督者と同じく労働時間関連規定の適用除外対象者である「監視又は断続的労働に従事する者」（監視断続労働者）は，事前に労働基準監督署長の許可を受けるという手続があり（41条3号），適用対象者はあらかじめ明確であることと対照的だ。

管理監督者として想定されていたのは，いわゆる重役出勤ができるような，経営者に近い労働者であり，もともとその範囲はある程度明確だった。しかし今日，管理職の範囲は大幅に拡がってしまい，企業内で管理職として扱われている層のどこからが管理監督者かについての明確な線引きはもはや困難だ。裁判で争われているケースでは，ほとんどの場合，管理監督者該当性が否定されているが，前記のように法文（通達は除く）上の定義や基準は存在しないので，事前の予測可能性が低い。そのため，少なくとも監視断続労働者のような事前許可制としたり，裁量労働制のように，法令に基づき企業内労使でその適用対象者を特定したりする仕組みの導入が検討されるべきだ（大内 2008）。

■ 管理監督者の範囲に関する通達

通達（昭和22年9月13日発基17号，昭和63年3月14日基発150号）によると，管理監督者とは，労働条件の決定その他労務管理について経営者と一体的な立場にある者であって，労働時間，休憩および休日に関する規制の枠を超えて活

動することが要請されざるをえない重要な職務と責任を有し，現実の勤務態様も，労働時間等の規制になじまないような立場にあるかを，職務内容，責任と権限，勤務態様および賃金等の待遇をふまえ，総合的に判断すべきものとされている。

厚生労働省は，日本マクドナルド事件・東京地裁判決（前掲）を受けて，小売業や飲食業等におけるチェーン店の形態により事業活動を行う企業の比較的小規模の店舗で，多数のアルバイト・パート等により運営されている店舗の店長等が，十分な権限，相応の待遇等が与えられていないにもかかわらず，管理監督者として取り扱われるなどの不適切な事案があるとして，新たな通達を発している（平成20年9月9日基発0909001号）。

---

(6) 労働時間制度改革

知的創造的な働き方という観点からみると，実労働時間に依拠した労働時間規制（とくに割増賃金制度）は，前述のように法定労働時間を超えると，時間と賃金との関係を切断できないという点できわめて硬直的だ。そもそも法の趣旨は，法定労働時間の遵守が第1であり，時間外労働はあくまで例外的に許容されるにすぎない。こうした考え方に基づく労働時間規制は，労働者自身で労働の遂行方法を時間も含めて決定させたほうがよい知的創造的な働き方とは相性が悪い。企業が，法令を遵守して法定労働時間内で仕事を終了させようとすることは，法的には望ましいとしても，知的創造的な働き方にはむしろ有害だ。もともと現行労働時間規制が工場労働者の働き方を想定したものであることも考慮に入れると，知的創造的な働き方に労働時間規制を適用することそのものを再考すべきだろう。

もちろん，現行法にも，前述のように，こうした働き方に対応可能とみられる制度はある。しかし，そうした制度の代表である裁量労働制は，現行労働時間規制のあくまで例外という位置づけで，導入要件が厳格なため，これからの就業構造の変化にタイムリーに対

応できるものではない (⇒(4))。また，管理監督者に対する適用除外制度は，管理監督業務についている労働者を対象としたものであるうえ，適用範囲の事前予測可能性が低いなどの問題もある。監視断続労働者と同様に，行政機関による許可制にすることは一つの解決方法だが，就業構造の変化に機敏に対応できるような許可基準を設けることができるかは大いに疑問だ。

こうしたことから，これらの制度を一括して見直し，知的創造的な働き方にも対応できるような制度的受け皿が待望されるのだ。そこで出てきたのがホワイトカラー・エグゼンプションの構想だ（大内 2015・201 頁以下）。これはアメリカ法にもあるが，ここでは日本法の労働時間規制に沿ったエグゼンプション（適用除外）を考えている。

ホワイトカラー・エグゼンプション構想のエッセンスは，労働時間規制を撤廃して（割増賃金制度をなくすことが最も重要），労働時間と賃金とを切り離し，労働者の賃金はすべて（最低賃金法や差別禁止規定の制約は除く），労使で独自に決定してよいとするものだ。現行の労働時間規制は，基本給を成果型賃金としていても，法定労働時間を超えれば時間給の要素が入ってくる。こうした制約を取り除き，何時間働いたかに関係なく，成果に基づき賃金を支払うことを貫徹させることができるようにするのがホワイトカラー・エグゼンプション制度だ。これこそが知的創造的な働き方にふさわしいものだ（成果型賃金体系とホワイトカラー・エグゼンプションは，従来型の正社員とは異なり，市場価値に則した処遇を望む労働者［とくに高度外国人材］に適合的だ）。

こうした制度に対しては，労働時間規制のもつ健康確保という趣旨に反するとの批判もある。しかし，労働時間の上限の強制や休息の強制は，労働者が拘束的な働き方をしているから要請されるもの

だ。同時に、そのような方法で健康を確保することが、労働力の摩耗を防止し、生産性の向上に役立つという面もあった。知的創造的な働き方では、労働時間の上限を強制したり、休息の付与を強制したりすることは、自由な働き方を阻害し、生産性を低下させる可能性があるので、労働者のためにもならないのだ。

知的創造的な労働にふさわしい自由な働き方では、労働者には、一定の休息権、とくに年次有給休暇（年休）の権利を与えた上で、それを行使するかどうか、またいつ行使するかを、労働者にゆだねるのが望ましい。年休の権利は、労働基準法上、労働者の時季指定権を待って、使用者に具体的な付与義務が発生するという仕組みになっており（労働基準法39条）、このことが年休の取得促進の妨げになっているので、一般の労働者については、使用者のほうに積極的な年休付与義務を認めるべきだ。2015年に出された労働基準法改正案では、10日以上の年休の権利をもつ労働者に対して、労働者が年休を取得しない場合には、使用者のほうから5日までは時季指定をして付与しなければならないとされている。しかし、自由な働き方においては、むしろ現行の規定どおり、時季指定をするかどうか、どの時季に指定するかを労働者にゆだねたほうがよいのだ。

補論　労働安全衛生法上の健康管理

長時間労働による健康障害への対処は、実は、労働基準法よりも、労働安全衛生法のほうで直接的に行われている。とくに重要なのが、2005年の法改正により導入された医師の面接指導制度だ。時間外労働が1カ月で100時間を超え、かつ疲労の蓄積が認められる労働者については、事業者は、医師による面接指導を行わなければならない（66条の8第1項、労働安全衛生規則52条の2）。この面接指導は、「労

働者は，……受けなければならない」と法律で書かれているものの（66条の8第2項），実際の手続は，労働者の申出により行うものとされ（労働安全衛生規則52条の3第1項），事業者は申出を行うよう勧奨することはできる（同条4項）が，それ以上の強制はできない。つまり，労働安全衛生法は，労働者の長時間労働による健康確保の制度を設けてはいるが，その利用は最終的には労働者の意思にゆだねているのだ。

また労働安全衛生法の改正により，2015年12月から施行されているストレスチェック制度（66条の10）では，医師の面接指導を受けるかどうかは，ストレスチェックの結果の通知を受けた労働者の希望によると定められている（同条3項）。

このように一般の労働者でも，健康確保については，労働者の意向が重視されていることをふまえると，自由な働き方をする労働者においては，いっそう本人の意向が重視されるべきだろう。

また，新しい制度に対しては，その対象者が拡大してしまい，実際上は，拘束的な働き方をしている労働者にも，適用されてしまうという懸念も出されている。その懸念は，一面ではもっともなものだ。ただ，適用対象者を法令で定めることは，現行の専門業務型裁量労働制の問題点と同様，急速に変わっていく産業構造や就業構造の変化に対応して，適宜に適切な対象者を画定することができるかという疑問が残る。むしろ，法令において，適用対象とすべき業務に関するガイドラインを設け，具体的な適用対象業務は，企業（ないし事業場）ごとに，労使の合意により決定していくべきだ（労働者の自律的な働き方にかかわる以上，対象労働者本人の同意も必要とすべきだ）。

補論　高度プロフェッショナル制度

　2015年の第189回国会に提出された労働基準法改正案のなかで注目されたのが，ホワイトカラー・エグゼンプションと類似の「高度プロフェッショナル制度」の導入だった（現在の適用除外規定である労働基準法41条のあとに，41条の2を追加するというもの）。

　そこでは，「高度の専門的知識等を必要とし，その性質上従事した時間と従事して得た成果との関連性が通常高くないと認められるものとして厚生労働省令で定める業務のうち，労働者に就かせることとする業務」について，労使委員会の5分の4以上の多数による議決（その決議は行政官庁に届け出る必要がある）で，適用対象者（職務が明確で，一定以上の年収があること），健康管理把握措置，健康確保措置（①終業から始業までの休息時間［勤務間インターバル］の確保・深夜業の制限，②健康管理時間の上限の設定，③年間104日以上かつ4週に4日以上の休日の確保すること，のいずれかの措置を講じること）を定めた場合で，かつ適用対象者の書面等による同意があった場合に，労働時間関連規定（労働時間，休憩，休日，深夜の割増賃金に関する規定）は適用しない，というものだ。

　この制度は，導入要件が厳しいだけでなく，健康管理や健康確保措置の使用者への義務づけといった規制色が強く，自由な働き方には適していないことが問題だ。また，既存の管理監督者制度や裁量労働制を残したうえで，新たに設けるものなので，いっそう制度の複雑化をもたらすという懸念もある。この制度の導入は白紙撤回されるべきだろう（大内 2015・178頁以下も参照）。

2　場所的・時間的に自由な働き方としてのテレワーク

(1)　テレワークとは？

ICT（情報通信技術）の発達は，場所と時間に左右されない働き方を可能とする。こうした働き方の代表例がテレワーク（Telework）だ（リモートワーク［remote work］ともいう）。テレワークには，労働契約を締結している雇用労働者が従事する雇用型と，業務請負契約など労働契約ではない契約を締結している者が従事する自営（非雇用）型とがある。また，広義のテレワークには，在宅で行うもの（在宅型）と，スマートフォンなどを活用して事業場外で行うもの（モバイル型）とがある。前者がいわゆる在宅勤務と呼ばれるものだ（このほか，サテライト型というように，本社とは別のサテライトオフィスで働くパターンもある）。

2013年6月14日に政府は，「世界最先端IT国家創造宣言」を発表したが，そのなかの「雇用形態の多様化とワーク・ライフ・バランス（『仕事と生活の調和』）の実現」という項目に，次のような記述がある。

「若者や女性，高齢者，介護者，障がい者を始めとする個々人の事情や仕事の内容に応じて，クラウドなどのITサービスを活用し，外出先や自宅，さらには山間地域等を含む遠隔地など，場所にとらわれない就業を可能とし，多様で柔軟な働き方が選択できる社会を実現するとともに，テレワークを社会全体へと波及させる取組を進め，労働者のワーク・ライフ・バランスを実現する。

このため，特に就業継続が困難となる子育て期の女性や育児に参加する男性，介護を行っている労働者などを対象に，週1回以上，終日在宅で就業する雇用型在宅型テレワークにおける，労働者にや

さしいテレワーク推奨モデルを産業界と連携して支援し、2016年までにその本格的な構築・普及を図り、女性の社会進出や、少子高齢化社会における労働力の確保、男性の育児参加、仕事と介護の両立などを促進する。

また、行政機関としても、引き続き、テレワークを推進するなど、ワークスタイルの変革を進めることが重要である。

これらの取組などにより、2020年には、テレワーク導入企業を2012年度比で3倍、週1日以上終日在宅で就業する雇用型在宅型テレワーカー数を全労働者数の10%以上にし、また、こうした取組も含めた女性の就業支援等により、第一子出産前後の女性の継続就業率を55%（2009年においては38.0%）、25歳から44歳までの女性の就業率を73%（2011年においては66.8%）まで高める。」

政府は、テレワークの効用とその普及に向けて強い意欲を示している（平成28年6月2日に閣議決定された「日本再興戦略2016—第4次産業革命に向けて—」でもテレワークの推進への言及がある）。

■ テレワークの現状

現状では、テレワークはそれほど普及してはいない。2015年3月に発表された国土交通省の「平成26年度テレワーク人口実態調査」によると、在宅型テレワーカー（週に1分以上自宅で仕事を行っている人）は、雇用型については、2008年から順に、270万人、270万人、260万人、360万人、710万人、570万人で、2014年は480万人、自営型については、2008年から順に70万人、70万人、60万人、130万人、220万人、150万人で、2014年は70万人となっている。在宅型テレワーカーは、2014年は雇用型と自営型を合わせると550万人（前年の720万人より24%減）となる。

週1日以上終日在宅で就業する雇用型在宅型テレワーカー数は、2014年は220万人（前年度より約40万人減）であり、労働力人口（総務省の労働力調査に

よると,約6,555万人)の約3.4%にとどまっている。

---

(2) テレワークのもつ可能性

テレワークには,ワーク・ライフ・バランスの実現,場所的な移動が困難な人(高齢者,身体障害者,育児や介護などの家庭責任を担っている者,地方在住者など)の雇用機会を増加させるというメリットがある(介護離職の防止などの人材の引留め[リテンション]としての効果も期待できる)。また東日本大震災の経験から,大きな自然災害に遭ったときの事業の継続の手段(BCP[Business Continuity Plan],事業継続計画)としても,テレワークは期待されている。

加えて,テレワークには,労働者が自ら選んだ場所と時間で仕事ができるという点で,広く労働者の働き方に影響を及ぼす可能性がある。とくに産業の情報化により,情報を利活用した知的創造的な仕事が重要となると,労働者は必ずしも一つの事業所に集まる必要性はなくなる。仕事をするうえで必要となる情報それ自体は,タブレットやノート型パソコンを通して,クラウドへのアクセスにより引き出すことができる。必要なコミュニケーションは,メールの利用で十分だし,どうしても直接的な対話が必要となれば,WEB会議などを活用すればよい。情報インフラの整備や,ハード面の情報器機のコモディティ化などが,こうした働き方を可能としている。

このように知的創造的な仕事をするうえでの物理的制約がきわめて小さくなっている現在,労働者に,自らの知的活動を一番活性化できる場所を選択させたほうが生産性が高まる。もちろん,職場に集まって人的に接触したほうが,新たなアイデアが湧いて創造的な仕事ができるということもあろう(⇒202頁コラム)が,それもすでに,仮想現実(VR)の技術の発展で解消できる可能性が高い(VR会議)。

それでもテレワークが普及しない背景には，テレワークをさせる仕事を開発できない企業側の体制がある。すでにみてきたように，日本の労働者の伝統的な働き方は職務型ではないので，職務を分析して，どの職務がテレワークに向いているかを検討するという作業が遅れてきた。しかし，これからは人工知能などの機械と人間との間で仕事の再編成がなされ，日本の正社員のなかでも，職務型の働き方が進むだろう（⇒118頁）。これと併行して，人間の行う職務のうち，リアル職場で行うものとテレワークで行うものとに振り分けるという作業が進んでいく可能性は高いだろう。

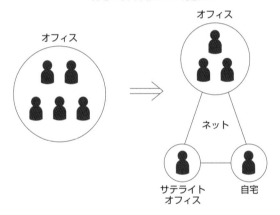

図表　仕事の再編成（その3）
―職場が中央集権型から分散型に―

　テレワークをする労働者には，モニタリングが困難で労務管理がやりにくいという点が指摘されることも多い。しかし，これも技術の発達で解決可能だ。たとえばWEB勤怠管理のような技術はすでに実用化されている。そもそも知的創造的な仕事であれば，成果で処遇すればよく，それが労働者に対する規律として機能するので，

企業が直接モニタリングする必要性は小さくなるだろう。

テレワークは，第4次産業革命後の社会では標準的な働き方となる可能性が高い。技術的にはそれはすでに可能なので，あとは経営者の意識改革次第だ。

(3) テレワークと労働法

テレワークという新しい働き方と労働法とはどのような関係にあるのだろうか。少なくとも，労働法が誕生する要因であった労働者の従属性は，テレワークには希薄だ。企業からの指揮監督の程度は弱くなり，場所的拘束性や時間的拘束性も弱い。こうした特徴があるテレワークは，労働法の歴史からみると，理想的な働き方だともいえる。これを積極的に推進すべきと考える理由は十分にある。

テレワークに対して，労働法の研究者が大きな関心を向けてこなかったのは，テレワークには非雇用型のものが多かったこととも関係している。家計補助的で，内職的な働き方と結びつくイメージがあり（制定法でいえば，加工業などの零細事業者への適用を想定した家内労働法のイメージだ），大規模工場での従属労働に従事する典型的な労働者から遠い存在なので，主たる研究対象には含まれてこなかったのだ。

しかし今後は，前述のようにテレワークが標準的な働き方となるだろう。つまりネットを活用して場所的にも自由に，知的創造的な仕事に従事するという働き方が主流になるのだ。そこでは非雇用型のテレワークが中心となるかもしれないが，労働法学も，もはやそれに無関心でいることはできないだろう（⇒185頁以下）。

一方，雇用型のテレワークには，労働法の規制が全面的に及ぶことになるが，この働き方に特有の考慮すべき点がある。

とくに問題となるのは，在宅型のテレワークと労働時間規制との

関係だ。すでに厚生労働省は、「事業主が労働者の私生活にむやみに介入すべきではない自宅で勤務が行われ、労働者の勤務時間帯と日常生活時間帯が混在せざるを得ない働き方であることから、一定の場合には、労働時間を算定し難い働き方として、労働基準法第38条の2で規定する事業場外労働のみなし労働時間制……を適用することができる」としている（「情報通信機器を活用した在宅勤務の適切な導入及び実施のためのガイドライン」）。

労働基準法38条の2とは、業務の性質上、就業場所が固定されていない外勤の営業や取材などの事業場外労働（あるいは、通常は就業場所が固定されているが、出張などにより一時的に事業場外で働く場合も含まれる）に対して、実労働時間によるのではなく、労働時間みなし制を適用するというものだ（同様の特別なルールは本章1(4)でみた裁量労働制においても適用されていた）。

同条は、「労働者が労働時間の全部又は一部について事業場外で業務に従事した場合において、労働時間を算定し難いときは、所定労働時間労働したものとみなす」とし、その業務を遂行するためには、通常、所定労働時間を超えて労働することが必要となる場合には、その通常必要とされる時間労働したものとみなすとする。この後者のみなし時間は労働者の過半数代表と使用者との労使協定で決めることができる。

つまり、事業場外労働により、「労働時間を算定し難いとき」は、実労働時間とは異なる、みなし労働時間を適用することが可能ということだ。

この規定の適用上、一つ問題となるのは、自宅を、事業場の内とみるのか、外とみるのかである。行政解釈によると、「事業」とは、「工場、鉱山、事務所、店舗等の如く一定の場所において相関連する組織のもとに業として継続的に行われる作業の一体をいう」とされ

ている（昭和22年9月13日発基17号等）。また、場所的に分散していても、出張所や支所などで規模が小さく、組織的関連や事務能力を勘案して1個の事業という程度の独立性のないものは、直近上位の機構と一括して1個の事業として扱われる（同通達）。

　いずれにせよ、自宅を独立の事業場と判断するのは困難であり、事業場外とみるか、直近上位の事業場の一部とみるかのいずれかとなる。前記のガイドラインでは、事業場外とみているのだろう（なお、サテライト型のテレワークでは、サテライトオフィスが独立した事業場とみられる可能性もある）。

　問題は、事業場外労働の労働時間制を適用するためには、「労働時間を算定し難い」場合でなければならないことだ。通達によると、①当該業務が、起居寝食等私生活を営む自宅で行われること、②当該情報通信機器が、使用者の指示により常時通信可能な状態におくこととされていないこと、③当該業務が、随時使用者の具体的な指示に基づいて行われていないこと、という要件を満たしていれば、みなし労働時間制を適用してよいとしている。

　ただし、「労働契約において、午前中の9時から12時までを勤務時間とした上で、労働者が起居寝食等私生活を営む自宅内で仕事を専用とする個室を確保する等、勤務時間帯と日常生活時間帯が混在することのないような措置を講ずる旨の在宅勤務に関する取決めがなされ、当該措置の下で随時使用者の具体的な指示に基づいて業務が行われる場合については、労働時間を算定し難いとは言えず、事業場外労働に関するみなし労働時間制は適用されないものである」とする（平成16年3月5日基発0305001号「情報通信機器を活用した在宅勤務に関する労働基準法第38条の2の適用について」。「情報通信機器を活用した在宅勤務の適切な導入及び実施のためのガイドライン」（平成16年3月5日基発0305003号、平成20年7月28日基発0728001号で改訂）も参照）。

そもそも今日のテレワークでは，前述のように，企業から WEB 上の勤怠管理をすることや業務の進行状況を随時把握することが，技術的に可能だ。そうなると，「労働時間を算定し難い」といえる場合は，きわめて限られてくるだろう。要するに，ICT の発達は，在宅での勤務についても，企業のコントロールを容易なものとし，それゆえ，みなし労働時間制を適用しにくい状況が生じているのだ。

　モバイル型のテレワークは，典型的な事業場外労働だろうが，やはり在宅型と同様の理由で，今日では，「労働時間を算定し難いとき」には，なかなか該当しないだろう。

■ 事業場外労働に関する最近の判例

　最高裁は，「労働時間を算定し難いとき」かどうかは，業務の性質，内容やその遂行の態様，状況等，企業と労働者との間の業務に関する指示や報告の方法，内容やその実施の態様，状況等をみて判断するものとし，問題となった海外ツアーの添乗員（派遣労働者）について，旅行日程が具体的に確定され，添乗日報によって業務履行の態様等を確認できるとし，「労働時間を算定し難いとき」には該当しないとして，労働基準法 38 条の 2 の適用を否定した（阪急トラベルサポート事件・最 2 小判平成 26 年 1 月 24 日〔最重判 101 事件〕）。

　最高裁の判断からすると，同条の適用範囲は，それほど広くないだろう。なお，客観的には労働時間管理が可能だが，企業側がみずから労働時間管理をしようとしないために，労働時間の算定が困難となったという場合は，同条の適用は認められないと解すべきだろう。

　前記の労働時間管理との関係で検討されるべきなのは，ICT の発達で労働時間管理が容易になるということは，同時に労働者のプライバシーの問題が出てくるということだ。

　労働時間みなし制が適用されない場合には，とくに実労働時間の

管理の必要性が高まる（労働時間の管理については，「労働時間の適正な把握のために使用者が講ずべき措置に関する基準について」平成13年4月6日基発339号を参照）。たとえば法定労働時間を超える時間外労働には，割増賃金の支払いが必要だし（⇒146頁以下），長時間労働の場合の医師の面接指導などの制度の適用もある（⇒156頁以下）。

　もっとも，テレワークが今後いっそう活用されるようにするためには，時間的に自由な働き方という趣旨を活かすべく，労働時間の管理そのものの要否も検討していく必要があるだろう。

　たしかに，テレワークが単に勤務場所が自宅になっただけというならば，かえって労働時間が長くなったり，労働強化につながったりする危険性がある。そのような場合については，現在の労働時間の規制を適用し，長時間労働などによる健康障害が起こらないよう対策をとることは必要だろう。

　しかし，テレワークに期待されているのは，単に場所的な面だけでなく，時間的にも自由な働き方としての面だ。そうしたテレワークであれば，その働き方に適した労働時間規制が適用されるべきだろう。専門業務型や企画業務型の裁量労働制に該当する場合であれば，もう一つのみなし労働時間の適用が可能だが（労働基準法38条の3，38条の4），そのときでも，深夜労働の割増賃金や休日労働の割増賃金は適用される（同法37条）。企業が，その負担をいやがって，深夜や休日の就労を禁止すると，テレワーカーにとってかえって働きにくくなるだろう（たとえば，昼間は子の面倒をみなければならないので，夜になってから，まとめて仕事をしたいと考えるテレワーカーもいるだろう）。

　テレワークが知的創造的な働き方の典型例となるとすれば，本章1でみたような，ホワイトカラー・エグゼンプションこそが，最も適切な労働時間制度となろう。

補論　雇用型テレワークに対する労働法の適用

　本文で述べた以外にも、労働法規の適用上、注意すべき点がある。

　第1に、使用者は、労働契約の締結に際し、労働条件を明示しなければならず（労働基準法15条）、そこで明示すべき労働条件には、就業の場所もあげられている（労働基準法施行規則5条1項1の3号）。在宅型のテレワークの場合には、就業の場所は、労働者の自宅であると明示する必要がある。

　なお、労働条件を記載した就業規則は「常時各作業場の見やすい場所へ掲示し、又は備え付けること、書面を交付することその他の厚生労働省令で定める方法によつて、労働者に周知させなければならない」（労働基準法106条1項）が、在宅のテレワーカーについては、その周知方法について工夫する必要があるだろう。

　第2に、在宅で勤務するものであっても、健康診断を行わなければならない（労働安全衛生法66条1項）。テレワーカーの健康保持のためには、とくに「VDT作業における労働衛生管理のためのガイドライン」（平成14年4月5日基発0405001号）が制定されている。

　負傷や疾病があった場合は、労災保険の適用がある（私的行為が原因である場合は除く）し、企業は安全配慮義務も課されている（労働契約法5条。ただし企業の目の届きにくいところでの就労なので、労働者の過失などによる企業責任の軽減がなされることはありえよう）。

　第3に、最低賃金は、事業場のある地域のものが適用される。もっとも、都道府県最低賃金は、「地域における労働者の生計費」も考慮して決定されるので（最低賃金法9条2項）、その労働者の生活する地域の最低賃金のほうを適用すべきなのかもしれない。東京に事業所があるが、テレワークをする場所が地方であるような場合、物価水準がかなり違う東京の最低賃金を適用することは妥当でない。この

点は，立法論としては，改善の余地があるだろう。

3　小括

　産業の発展については，有名な「ペティ＝クラークの法則」があり，農林水産業などからなる第1次産業から，製造業や建設業などからなる第2次産業に，そして商業やサービス業などの第3次産業の順に発展するとされる。第1次産業革命は，産業構造を第1次産業を中心とするものから，第2次産業を中心とするものへと転換させた。今日では第3次産業が中心だ。

　日本でも，現在の産業の中心は第3次産業だ。第3次産業はGDPの74％を占める（⇒33頁）。また総務省の平成22年国勢調査によると，第3次産業は労働力人口の70.6％を占めている（第2次産業は25.2％）。

　第3次産業（サービス産業）の特徴は，提供されるサービスの無形性と，生産と消費の同時性にある。モノづくりを得意とし，雇用システムもそれに適合的な正社員制度を構築してきた日本は，第3次産業が中心となるにつれ，産業競争力を失ってきた。

　こうしたなか，第4次産業革命により生まれようとしている，ビッグデータと人工知能を活用した新たな産業では，これまでのサービス産業とは異なり，新技術をいかに活用してイノベーションとブレイクスルーを図るかという知的創造性が重要な意味をもってくるはずだ（たとえば，最近流行した「ポケモンGO」の価値の主たる部分は，ポケモンというアニメキャラクターを，AR（拡張現実）などの最新技術と組み合わせるという創造的なアイデアにある）。

こうした新たな産業で求められる働き方は、これまでの労働法が想定していた働き方とはかなり異なるものだ。労働法は、元来、第2次産業において企業の指揮監督下で、時間的かつ場所的に拘束された働き方をする者の従属状況に着目し、そうした労働者の保護を目的として誕生し、発展してきたものだ（⇒52頁以下）。これに対して、新たな働き方では、知的創造的な成果を生み出すことが目的なので、企業としては、指揮監督をしたり、時間的、場所的に拘束して働かせたりする必要性に乏しい。

　そうした働き方では、労働者が拘束的な働き方をしていることを前提に、法定労働時間を超える時間外労働に対して割増賃金の支払いを義務づける、現行の労働時間規制は適合的ではない。労働者が自由に知的創造的な仕事に従事し、報酬はその成果に対して支払うこと（その具体的な制度設計は各企業で工夫しなければならない）を貫徹させるためには、現行の労働時間規制の適用を除外して、新たな労働時間規制としてホワイトカラー・エグゼンプションを導入することが必要なのだ。

　さらに、こうした自由な働き方を実施する方法として注目されるのがテレワークだ。テレワークには、知的創造的な働き方という面だけでなく、ワーク・ライフ・バランスの実現、さまざまな移動困難者の雇用機会の拡大などのメリットもある。テレワークの導入にともなう法的障害はほとんどなく、むしろ企業側の、新しい技術を用いてこの制度の利点（生産性の向上など）を十分に活かそうとする意識改革こそが重要だ。

第 7 章

自営的就労―労働法のニューフロンティア―

1 自営的就労はなぜ増加するのか

　本書でここまでみてきたように，人工知能（AI）やロボティクスの発達は，これまでの人間の労働を，知的労働であれ，肉体労働であれ，それが定型的なものであれば，徐々に奪っていく。正社員の行う仕事も同じだ。定型的な仕事しかできない正社員は潜在的なリストラ要員であり（いわゆる「沈黙の解雇」がされている状況だ），また完全に機械に代替されてしまう仕事は，そもそも非正社員としても雇用される機会が失われていく。

　他方，企業にとって重要なことは，人間にやらせる仕事と機械にやらせる仕事の的確な振り分けであり（⇒117 頁），それがマネージャー層にとっての主要な仕事だ（このようなマネージャーの仕事は，人工知能に代替されにくいだろう）。

　そうした仕事の再編成の結果，人間の仕事として残るのは，非定型的で，かつ人工知能によって対処ができない（あるいは人工知能でもできるが，人間のほうがよりよくできる）ような仕事，あるいは人工知能などの新技術を活用する側の仕事だ。非定型であったり，新たな技術を活用したりする仕事から高い付加価値を生み出すために必要なのは，人間一人ひとりの知的創造性だ。知的創造的な働き方には，個々人が自由にその知性を働かせやすい環境が必要だ。時間や

場所の制約をなくすことを可能とするICT（情報通信技術）の発達は，そうした働き方を現実のものにしつつある。その代表が，第6章でみたテレワークだ。

こうした働き方では，職務は特定され，その職務におけるプロとしての技能が必要となる。そうした人材は，もはや企業が正社員として取り込んでおくべき存在ではない。というのは，正社員制度は，第4章でもみたように，企業内での育成や教育訓練とセットで，長期的な勤続を前提としたものだったが，今日の技術の発達のスピードは速く，企業内での教育訓練で対応するよりも，外部労働市場から企業が必要に応じて適宜調達するほうが効率的だからだ。こうして，企業は，一定の業務については，外部の人材を一時的に活用したり（専門業務派遣労働者等），期間限定で内部化したり（高度専門職の有期雇用労働者等）することにより，企業内に余剰人員を抱えるリスクをできるだけ回避しようとしてきた。近年では，業務そのものの外部への切出し（外部化），すなわちアウトソーシングを実施したりもしてきた。

企業がこのような人事戦略をとるようになると，企業に雇用される人材は減り（マネージャー層も，委任契約や請負契約という非雇用契約が締結される可能性が高くなろう），さまざまな技能をもって企業や個人と契約をして，自らのプロとしての技能を提供するという自営的な働き方が広がっていくだろう。前述のように，ICTの発達は，こうした働き方をする環境を急速に整備してきている。なかでも最近注目されているのがクラウドワークだ。

図表 仕事の再編成（その４）
―組織内取引から市場取引に―

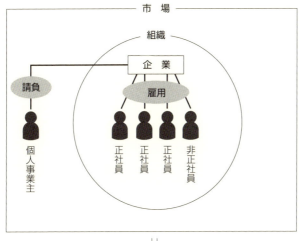

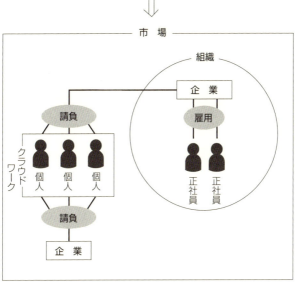

補論　組織と市場

　企業が労働力を利用する方法には，外部市場からスポットで契約を締結するというもの（市場取引）と，基本の契約を結んで内部に取り入れ，あとは指揮命令によって労務を提供させるというもの（組織内取引）とがある。前者で用いられるのが請負契約（民法632条以下），準委任契約（同法656条。643条以下），あるいはそれと類似の無名契約であり，後者が雇用契約（同法623条以下）ないし労働契約だ。

　経済学におけるコース（Coase）の理論によると，取引コストがかからなければ，市場取引にゆだねておけば効率を達成することができる。しかし，実際には，契約には不完備性があり，契約時に合意された内容どおりに契約をエンフォースメントすることが難しいなど，取引コストがかかり非効率が発生する。そのため，企業は，雇用契約によって，労働者を組織内部に取り込もうとする（江口2007・39頁）。

　もっとも，組織に取り込み雇用関係を成立させると，それにともなうさまざまなコスト（割増賃金，社会保険の費用など）がかかる。とくに日本型雇用システムでは，企業の指揮命令によって労働者を活用するとしても教育訓練の費用がかかるし，日進月歩で発展する技術への対応を企業自身の責任で行うリスクや，景気後退期に余剰人員を抱え込むリスクもある。

　ただ，これまでは日本の優秀な人材は，安定を求めて正社員としての雇用契約を好んできたため，日本の企業は労働力については市場取引をあまり活用してこなかった。しかしこれからは，日本の若者も，終身雇用の崩壊に直面して，正社員としての雇用契約をそれほど望まなくなっていくだろう。そうなると，企業としても市場取引を増やしていかざるをえなくなるだろう（⇒118頁）。

2 クラウドワーク

(1) クラウドソーシング

クラウドワーク（crowd work）は，非雇用型のテレワークの一種だ。企業側からみたクラウドソーシング（crowdsourcing）という表現のほうが，一般によく使われているかもしれない。

クラウドソーシングは，ネットを通じて，不特定多数のクラウド（大衆）に向けて業務委託をするというものだ。特定の事業者への外部委託であるアウトソーシングとは異なり，不特定多数の者に，特定の業務（職務）について，発注をかける点に特徴がある。企業や個人が，不特定多数の大衆に業務の注文をし，そこで条件が合致した者（クラウドワーカー）と業務委託契約を締結するというのが，クラウドソーシングの典型的なパターンだ。

クラウドソーシングの取引の舞台となるネットには国境がないため，労働力の取引はグローバルに展開しうる。とくに人工知能は，遠くない将来，機械翻訳の技術をもつようになると予想されており（⇒44頁），そうした技術を活用すれば，言語の違いによる壁も乗り越えることができる。企業は，世界中に発注をして，最も良い条件を提示するクラウドワーカーと契約を締結し，個人もクラウドワーカーとして，世界中の同業者と競争するのだ。

クラウドソーシングやアウトソーシングといった外部労働力の利用のケースでは，発注企業が，労働者派遣のように直接指揮命令できるわけではないので，テレワークでも指摘されたようなモニタリングの問題があるとされてきた。しかし，クラウドワークは，仕事の結果（成果）に対して報酬を支払う契約なので，指揮監督による規律は必要ではなく，報酬において成果を厳格にチェックすれば足り

るのだ。逆にいうと、こうした成果のチェックができないような業務や職務は、クラウドソーシングには向いていないことになる。

(2) クラウドワークをめぐる法的問題

法的には、業務委託契約を締結していても、当然に労働法の適用のない非労働者とされるわけではなく、就労の実態をみて、使用従属関係が確認されれば労働者とされる（いわゆる偽装自営業者）。昨今、クラウドワークの就労実態の問題点が指摘されることが増えているが、そうした場合のクラウドワーカーは実は労働者で、労働法を適用して解決できることも少なくない。

クラウドワークでは、ネットで業者（プラットフォーマーと呼ばれたりもする）が仲介することも多い。仲介して企業に紹介した者が労働者に該当する場合には、職業紹介に該当し、事業許可を得ていなければ職業安定法違反にもなる（⇒ 197 頁補論）。

用語解説　プラットフォーマー

プラットフォーマーという言葉は、一般には、クラウドワークなどの場合だけでなく、より広くビジネス全般において用いられる。

IT が高度に発達した現代における 1 つのビジネスモデルとして、Amazon や Google のようなプラットフォーム型の経営が大きな成功を収めている。ここでいうプラットフォームとは、多くの企業が集まりビジネスを展開する「場」のことだ。たとえば、Amazon は、自らは製品を売らずに、ネット上に「売り場」を設定しているだけだ。そこに製品を販売する企業と購入する消費者がやってきて、多くの情報を提供していく。その情報がデータとして価値をもち、次のビジネス展開への参考にされる。情報に価値がある時代には、いかにして情報を集め、分析し、新たな製品やサービスを開発していくかがビジネスにおいて重要だ。Amazon や Google も、多くの企業に参入してもらうために、人工知能の機械学習プログラムを無償でオープン化しているが、情報が収集できれば十分に

ペイする。

　プラットフォーム型ビジネスが広がっていくと，零細な個人事業者でも，プラットフォームを活用してビジネスを展開できる可能性が広がる。その一方で，巨大な利益は，先行したプラットフォーマーが独占して吸い上げるという構造も生じる（それゆえ，独占禁止法の問題なども生じている）。

　プラットフォームのようなインフラの整備は，経済学でいう公共財的な要素があり，民間企業は投資をしにくい（投資をしてもリターンを十分に回収できない）。日本経済のために，どのようなプラットフォーム戦略が必要なのかは，官民あげて真剣に検討することが必要だ（柳川 2016）。

　クラウドソーシングで受発注されるのは，必ずしも高度で専門的なものとは限らない。前述のような特定の職務についてプロとしての能力で勝負するタイプはまだ少数だろう。とくに技術の発達により，かつては熟練技能を要していた業務が単純業務に転化し，人件費の高い従業員にやらせるには適さないから，外部に発注するということも増えるだろう。単純業務のクラウドワークは低賃金で，新たな非正規問題にもなりかねない。こうした単純業務のクラウドワークも，今後は人工知能により代替されていく可能性が高いが，それまでの間は，何らかの法的な対処をすることは必要だ。もちろん前述のように，労働者に該当する場合には，労働法の適用がきちんとなされるべきであるし，労働者に該当しない場合でも，家内労働法の適用ができないかをチェックすることが必要だ。

　ただ，これから注目されるのは，こうした単純業務のクラウドワークや，実態は従属労働者なのに契約形式上非雇用契約となっている偽装自営業者ではなく，真に独立して働く，純然たる非雇用型のクラウドワーカーだ。クラウドワーカーは，もはや場所や時間において自由というだけでなく，仕事を引き受けるかどうかからすでに自

由だ。つまり企業に組織的に取り込まれないで，自律的に働く人たちだ（こうした点から，フリーランスやノマドワーカーと呼ばれることもある）。クラウドワークは，第4次産業革命により必要とされる新たな専門的な仕事，とくに知的創造的な仕事に適したものとなる可能性もある。

用語解説　労働者性，家内労働法

　契約において，請負契約や（準）委任契約という形式を採用していても，労働法の適用が当然に否定されるわけではない。労働基準法9条は，同法の適用される労働者の定義をしている（⇒59頁を参照）が，その具体的な判断基準は定めていない。最高裁もこれを明確にしていない（たとえば，横浜南労基署長〔旭紙業〕事件・最1小判平成8年11月28日〔最重判86事件〕）が，下級審のある裁判例は，労働者性の判断は，使用従属関係の下での労務提供といえるかどうかという観点から行われるものとされ，その判断は，雇用，請負等の法形式にかかわらず，その実態に基づき行われるべきとし，その具体的な判断について，「業務遂行上の指揮監督関係の存否・内容，支払われる報酬の性格・額，使用者とされる者と労働者とされる者との間における具体的な仕事の依頼，業務指示等に対する諾否の自由の有無，時間的及び場所的拘束性の有無・程度，労務提供の代替性の有無，業務用機材等機械・器具の負担関係，専属性の程度，使用者の服務規律の適用の有無，公租などの公的負担関係，その他諸般の事情を総合的に考慮して判断するのが相当である」と述べている（新宿労基署長〔映画撮影技師〕事件・東京高判平成14年7月11日など）。現在では，この判示内容が，標準的な判断基準だと考えてよい。

　いずれにせよ，当事者が契約の形式として労働契約や雇用契約以外のものを選択しようが，また企業が従業員として取り扱わず，就業規則の適用をしなかったり，報酬を税務上事業所得として取り扱ったり，労働保険（労災保険，雇用保険）や社会保険（厚生年金保険，健康保険）に加入していなかったりしても，それが労働法上の労働者性の判断には直接影響しないことには異論がない。

　なお，労働者に該当しない場合でも，一定の保護法が適用されることがある。それが前述の家内労働法だ。内職的な仕事に従事する零細個人事業者は，この

法律により最低工賃の保障などの保護がある。

3　個人の起業

(1)　オンデマンド経済

テレワークは，人々が「どこでも，いつでも」働けるというもので，ICTの発展がそれを実現してきた（⇒159頁）。これの消費行動版が，「どこでも，いつでも」モノやサービスを購入できるオンデマンド経済だ。

最近のオンデマンド経済のモデルとなっているのが，日本でも話題となっている「Uber（ウーバー）」だ。Uberは，スマホアプリを利用することによって，どこでも，いつでも，配車サービスを受けることができる。スマホで車を呼ぶことができ，料金はカード決済でキャッシュレス，料金体系は原則固定で明瞭，車種も選べる（しかも，その車は，将来，自動運転車になる可能性もある）。

このUberをモデルにしたオンデマンド型のビジネスが，いま広がりつつある。とくにデリバリー系のサービスではかなり普及しており，配送にドローンの活用が進めば，よりいっそう発展するだろう。

こうしたビジネスの特徴は，事業を展開するうえでの参入障壁が低いことだ。すでに情報インフラが整備され，誰もがスマホをもつ時代になるなか，固定資本への巨額の投資の必要性は小さく，また自社で新たにインフラ面で開発すべき部分も少なく，価値を生むビジネスをどう構築するかという知的創造性が勝負となる。

オンデマンド経済は，サービスのラインナップの主導権が，生産

や流通側にあるかぎり，本質的に従来型の経済と大きな変わりはないといえそうだが，デマンドする消費者側が主導権をもつようになり，カスタマイズされたサービスが提供されるようになると，状況は大きく変わる。

(2) **消費者が生産者に**

さらに今日，消費者側から，イノベーションが起きつつあるという点も注目される。メーカーがこれまで独占してきたイノベーションという行為が，IT の進歩・普及や生産技術の発展によって広く消費者に開放されようとしているのだ（小川 2013 も参照）。なかでも興味深いのが，ユーザー企業家だ。消費者によるイノベーションは，企業の製品やサービスの開発に影響を及ぼしているだけではなく，今日では，ユーザーが同時にメーカーになるということも起きている。それを実現したのが，3D プリンティング（3 次元印刷）の発達と普及だ。消費者が，設計をし，生産をする。そしてネットで公開して販売までする。商品化が可能かどうかは，ネットでの評判から，ある程度，事前に推測できる。

大量生産された既製品の押しつけではなく，自分の欲しいものを，自分で作る。そして，それが他人にも評価されたら，商売にもなる。こうした生き方，そして働き方が，これからのライフスタイルの主流になっていく可能性があるのだ。新たな産業革命のキーフレイズは，アイデアとパソコンと 3D プリンターで，ものづくりが変わる，というものだ（アンダーソン 2012）。

これまでは，企業が生産を担当し，私たちに雇用を与えると同時に，私たちの消費を支えてくれた。では，私たちが生産を担うようになると，どのような変化が起こるのだろうか。普通に考えると，従属的な労働としての雇用はなくなるということだろう。それは，

私たちが企業に代わる存在となるということ，つまり起業を意味する。これを「労働破壊」と呼ぶ者もいる（たとえば，本山 2015・28 頁）が，これを「消費社会」から「生産社会」への移行とみて，ポジティブに捉える者もいる（たとえば，長沼 2013・161 頁）。

(3) シェアリング・エコノミー

総務省の平成 27 年版の「情報通信白書」によると，「シェアリング・エコノミー」は，次のように説明されている。

「典型的には個人が保有する遊休資産（スキルのような無形のものも含む）の貸出しを仲介するサービスであり，貸主は遊休資産の活用による収入，借主は所有することなく利用ができるというメリットがある。貸し借りが成立するためには信頼関係の担保が必要であるが，そのためにソーシャルメディアの特性である情報交換に基づく緩やかなコミュニティの機能を活用することができる。シェアリング・エコノミーはシリコンバレーを起点にグローバルに成長してきた。PwC によると，2013 年に約 150 億ドルの市場規模が 2025 年には約 3,350 億ドル規模に成長する見込みである」。

民泊の Airbnb（エアビーアンドビー）やライドシェアの Uber や Lyft（リフト）などが，この業界の代表格だ。アメリカ発だが，日本にもすでに押し寄せつつある。政府も関心をもっていて，対応に前向きで，まずは特区を設けて試行しようとしている。

働き方として注目されるのは，Uber などのライドシェアだ。ドライバーは，タクシー会社で雇用されて働くこともあれば，空いている時間を Uber で働くことも可能だ。堅実な雇用労働者としての生活と，時間的に自由な自営業者としての生活の両立だ。自己のキャリアを複線化する「パラレルキャリア」の一種である。

そもそも働くということは，自分のもつ技能という資産の活用と

みることが可能だ。自分の技能を自分だけが使うのではなく，他人に貸与するということだからだ。物の賃貸借の人間版だ。現在の民法上の契約類型でみると，物を賃貸するのが賃貸借で，人間の労働力を賃貸するのが雇用（雇傭）であったり，請負であったりする。このことを思い起こすと，「技能のシェアリング」という見方は，それほど突飛なものではない。

技能は自分で使えば自営業者，他人とシェアすれば，形態によって，雇用であったり請負であったりするということだ。同じ人間が，仕事をしている状況によって労働法の適用のない自営業や請負であったり，労働法の適用のある雇用であったりするという例は，たとえば中小企業などの取締役で従業員の仕事も兼ねて行っているケース（いわゆる従業員兼務取締役）でもみられ，このときには取締役としての面では労働法の適用は受けない（会社法の適用を受ける委任契約関係）が，従業員としての面では労働法の適用を受ける（労働法の適用を受ける労働契約関係）こととなる。

世間では，ライドシェアで自営的に働く者の保護が十分ではないのではないかという疑念も投げかけられており，実際にアメリカやイギリスなどでは訴訟も起きている。ただ，そうした問題は，従業員と同様の拘束性のある働き方を強いられているという人的従属性の問題，自営的な就労ではあるが交渉力の格差により不利な契約条件を強いられているという経済的従属性の問題が混在している。前者については，偽装自営業者の問題として労働法の適用により解決すればよい（⇒176頁）。後者は個人自営業者一般に起こりうる問題として位置づけるべきで，そこで適切な解決策をとることによって（⇒本章4），シェアリング・エコノミーのもつプラスの面（遊休資産の活用，ワーク・ライフ・バランス，自由な働き方など）が大いに発揮されるようにすべきだろう。

補論　副業規制

　「技能のシェアリング」という観点からみると，副業規制のある雇用（通常は，正社員）で働く労働者は，シェアリングではなく，その企業との間で，自己の技能の「専属的活用」を約定しているとみることができよう。

　最近では，こうした企業による技能の専属的活用を，優秀な人材を大企業が抱え込んでいるという観点から批判的にとらえ，これを禁止すべきとする見解もある（つまり副業規制の禁止）。

　ただ民間部門では，公務員とは異なり，副業を規制するかどうかは企業の自由だし，最近では，積極的に副業を推奨する企業もある。とくに雇用の流動化が進んでいる業種などでは，もとより長期雇用を想定していないので，副業についても寛大なところが多いようだ。これまで多くの企業が副業を禁止してきたのは，正社員はその企業の正式なメンバーであり（濱口 2009），他企業のメンバーも兼ねるというのは背信的な行為とされてきたからだ。それだけでなく，そもそも正社員は拘束性の高い働き方なので，副業もするとなると，本業に影響しかねないし，とくに同業他社での副業となると，その背信性はより高く，さらに秘密漏洩などのリスクもあるという理由もある。そのため同業他社での副業は，単なる副業規制ではなく，競業を禁止する競業避止義務として定められていることが多い。

　競業避止義務は，企業が正社員に教育訓練という形で費用をかけるための前提でもある。いつ他社に引き抜かれるかわからないと，企業はその労働者に営業秘密にかかわるような重要な仕事をやらせようとしないだろう。そのことは労働者本人にとっても技能形成のチャンスが少なくなるというデメリットがあるし，日本では企業が国民の職業訓練の役割を担ってきたことからすると，国家経済の点

からも望ましくない。退職後の競業避止義務でさえ，一定の条件が必要とはいえ，認められている（フォセコ・ジャパン・リミテッド事件・奈良地判昭和 45 年 10 月 23 日〔最重判 9 事件〕など）のは，このためともいえる。

　もっとも副業規制は労働者の私生活の自由を制約するもので，法的にも望ましいものではない（小川建設事件・東京地決昭和 57 年 11 月 19 日〔最重判 31 事件〕）。とくに自営型副業（雇用されている労働者が自営の副業をすること）については，競業に関係ないものであれば，企業がこれを規制することの正当化は難しくなる。しかも自営型副業は，個人が蓄積した技能を用いて，個人の余った時間で事業を営むという点では，経済の活性化につながり，キャリアの複線化やパラレルキャリア（副業から複業へ）にもつながる。これは労働者のキャリア権に資するという面もあるのだ。

　だからといって副業規制を禁止するとなると，それは行きすぎだろう。人材をシェアしなければまかなえないような高技能人材の不足がこの議論に根底にある以上，そうした人材の育成に力を入れるというのが，いささか迂遠にもみえるが，正しい筋の政策だ。その一方で，副業をさせやすい法的環境を整備することは必要だ。とくに雇用型副業（雇用されている労働者が別の企業に雇用されること）については，複数企業での就労にともなう労働法や社会保険の適用をめぐる法的問題について検討すべき論点が少なくない（たとえば，労働時間の通算の可否［労働基準法 38 条 1 項も参照］，労働時間管理責任，安全配慮義務［労働契約法 5 条］，労災保険の保険料の算定基礎賃金の通算の可否，雇用保険の加入要件となる労働時間の通算の可否）。

4　自営的就労と労働法

(1)　自営的就労者と要保護性

　クラウドワークや個人の起業は、産業社会において、労働力を大量に投入して生産を行うというかつての労働集約型の生産方式から、生産を担うのが個々人となる知識集約型かつ労働分散型の生産方式への移行を象徴する出来事だ。新しい生産方式では、機械化が大幅に進むなか、人間の役割として、個々人が情報を活用し知的創造性を発揮することが求められ、それこそが高い付加価値を生むことになる。

　第1次産業革命当時の資本家は、生産に必要な土地、工場、機械をもっていた有産者であり、労働者は自らの労働力を売るしかない無産者だった。有産者（ブルジョワジー）と無産者（プロレタリアート）との間には、マルクスが階級的と呼んだような、決定的な格差があった。そうした無産者の絶望的な状況こそが、労働法の誕生を生み出すエートスだった。

　しかしこれからは、生産を担う主体となるのは、生産に必要な情報、知識を入手し、活用できる能力をもつ者だ。こうした者の働き方には、第1次産業革命時にみられたような「工場」という物理的な空間に時間的にも拘束され、直接的な指揮命令を受けて働くという人的従属性はもはやみられない。労働による価値が、指揮命令下での就労ではなく、個人の知的活動を中心に生み出されていくとなると、人的従属性が少ない自営的（非従属的・独立的）な就労が主流になるのは必然だ。

　こうした自営的就労は、個人で行う場合もある（インディペンデント・コントラクター［independent contractor］）が、それだけでなく、

起業して法人化していく場合もあろう。ただ後者の場合でも，垂直的な組織を作るのではなく，企業自体はスリムで，むしろ水平的な事業者間ネットワーク（エコシステム）が広がっていくことが予想される。企業は自立的な個人の集合という性格を濃厚にもち，たとえばクラウドソーシングなども活用しながら，特定のプロジェクトを遂行していくというスタイルがとられるようになる。そうなると，やはり中心となる働き方は自営的就労だ。

　個人で自営的に就労する者（あるいは，複数の自営業者とパートナー関係となり，事業を共同で営む者）は，零細事業主であるとしても，人的従属性がないので，法的には労働者ではない。労働法は，従属性（人的従属性，経済的従属性）のある状況で就労する労働者を保護することを目的とし，労働保護法規では，人的従属性の有無をメルクマールとして保護される労働者の範囲を画定してきた。したがって，自営的就労者には，基本的には，労働法上の保護はいっさい及ばない。

　もちろん，家内労働法の例にもあるように，人的従属性がなくとも，経済的従属性がある場合には，要保護性を完全に否定するのは適切とは考えられていない。労働法は，労働者概念のなかに，経済的従属性を正面からは判断要素に組み入れてこなかったが，それは経済的従属性を軽視していたからではないのだ。

　これまでは，一般的には，労働者は，十分な交渉力がないという状況（経済的従属性）にあるからこそ，他人の指揮命令の下で働かざるを得ない状況（人的従属性）にあった。そのため，判断基準をある程度明確にできる人的従属性の存否さえチェックしておけば，あえて具体的な判断基準に落とし込むことが容易ではない経済的従属性を問わなくても，要保護性のある労働者の範囲を適切にカバーすることができた。

　しかし今後は，要保護性を人的従属性でチェックすれば十分であ

るという状況は、徐々にあてはまらなくなるだろう。他人の指揮命令下になく（人的従属性なく）働くことが一般化するとしても、そうした者の間にも経済的格差が生じることは十分に想定できるのだ（⇒59頁）。とくに特定の企業と専属的に取引することにより、経済的な依存関係が生じたとき、そこに社会的な要保護性が生じることがある（以下では、このような自営的就労者を「準従属労働者」と呼ぶこととする）。

現在の判例も、労働組合法上の労働者性（3条）の判断では、自営的就労者については、その企業の業務遂行に不可欠な労働力として、その組織に組み入れられているかどうかという事情が重視されている（INAXメンテナンス事件・最3小判平成23年4月12日〔最重判138事件〕）。この判例は、準従属労働者に対して、労働組合を結成して、経済的地位の向上を図ることを認めたものとみることもできよう。

また外国をみると、ドイツでは、労働者類似の者（arbeitnehmerähnliche Person）という概念があり、経済的従属性があり要保護性のある労働者について、労働協約法の適用を認めている（労働協約法12条a）。労働者類似の者には、このほかにも、労働裁判所法、連邦休暇法の適用などがある。一方、イタリアでも、人的従属性はないが、特定の相手と継続的に連携して協働する自営的就業者に対して、従属労働者に準じる保護を与えてきた。

いずれにせよ準従属労働者に対しては、その経済的従属性に着目した保護のあり方（従属労働者と自営業者の間に第3のカテゴリーを設けて規制する、従属労働者に関する労働法の規定を一部拡大するなど）を、外国法の例も参考にしながら検討していくべきだ（大内2016a）。

(2) **自営的就労に対する政策的関与の必要性**

第1次産業革命の後に、政府が労働者保護政策を打ち出したのは、

大量の従属労働者が一つの階層となり，政治的にも無視できない存在となると同時に，政府の経済政策としても戦略的に活用していくことが必要だったためだ（⇒53頁）。

では，第4次産業革命の後は，どうだろうか。(1)でもふれたように，自営的就労者のなかでも，新しい技術の波に乗れずに経済的に弱者となり（従属労働をしようにも，単純なものはすでに機械に代替されてしまっているだろう），これらの者が一つの階層となり，政治的にも無視できない存在となる可能性はある。

図表　就業状態別労働力人口　（単位：万人）

	男女計	男	女
労働力人口	6,701	3,784	2,916
就業者	6,497	3,657	2,840
自営業主	540	404	136
家族従業者	159	29	130
雇用者	5,771	3,210	2,561
完全失業者	204	127	77

出典：総務省統計局「労働力調査平成28年9月分」より抜粋

現在は雇用労働者はまだ就業者の9割以上もいて，自営的就労者に政策的に対応する必要性は認識されにくく，またどのようなニーズがあるのかも明確ではない。しかし，これからの産業では，ICTや人工知能などの技術的な発達から，自営的就労が増加していくことが見込まれ，かつ産業政策的にも，こうした働き方を積極的に推進していくことが必要となる。そうである以上，政府は，第1次産業革命のときの雇用労働者に対するのと同様に，自営的就労に対しても，何らかの政策的関与をしていくことが必要だろう。

それでは，具体的にどのような政策手法をとるべきだろうか。少

なくとも、これまでの労働法の規制手法の延長線上で考えていくことは適切でない。

労働法の規制手法は、労働契約の締結をとおして労働者を支配する企業（使用者）の存在を前提に、その企業の強大な権限を抑制するため、労働者に権利を与え、企業（使用者）に義務を課すというものだった。

しかし、人的従属性のない自営的就労者は、特定の企業に人的に従属するものではないので、既存の労働法の手法で保護することは困難だ。経済的従属性という言葉をあえて用いると、（準従属労働者ではない真正の）自営的就労者の経済的従属性は、それが生じるとしても、特定の企業との関係ではなく、個々の就労者に属人的に生じる傾向が強い。

そもそも自営的就労は、個人の選択を重視した自律的な働き方であることを考慮すると、経済的に自立できない状況に陥ったのは本人の自己責任であり、特定の企業に従属して働く労働者に対するのと同じようなパターナリズムは不要という意見が出されてもおかしくはない。

ただ、従属労働者の保護を目的とするこれまでの労働法においても、社会秩序の安定や経済的合理性という考慮があった。かりに自営的就労に対してはパターナリズムが不要だとしても、社会政策、経済政策・産業政策の観点から、国家の戦略として、自営的就労者が経済的に自立できるようにするための関与は必要といえるだろう。

とりわけ自営的就労者の取引には、労働法による介入がない状況であることを考えると、今後、この働き方が良好な就労機会となるようにするためには、市場環境を整備する政策が必要だ。とくに重要なのが、契約の適正化だ。これは内部労働市場（組織）内での労働力の取引（指揮命令による労働力の配置）を規制して、従属労働者を

保護することを主たる目的としてきたこれまでの労働法と，類似のところもあるが，その理念や規制の方向性は大きく異なる。自営的就労においては，個々人が自立した取引によって職業を遂行していくことを，政府が直接サポートするというところに主眼があるからだ。

なお労働省（現在の厚生労働省）は，非雇用型のテレワークを対象として，「在宅ワークの適正な実施のためのガイドライン」を発表している（平成12年。平成22年に改訂）が，その内容は，注文者に一定の事項の遵守を求めるというものだ。つまり家内労働法と同様の，従属労働者の保護の延長線上にあるルールなのだ（その意味で準従属労働者に対する保護の一例とみることもできよう）。しかしこれから必要とされるのは，そうした「保護」の論理を超えた，自律への「サポート」のアプローチだ。

用語解説　在宅ワークの適正な実施のためのガイドライン

このガイドラインでは，在宅ワークを，「情報通信機器を活用して請負契約に基づきサービスの提供等（例えば，テープ起こし，データ入力，ホームページの作成，設計・製図等）を行う在宅形態での就労をいう（法人形態により行っている場合や他人を使用している場合などを除く。）」と定義し，在宅ワークの契約に係る紛争を未然に防止し，かつ，在宅ワークを良好な就業形態とするために，在宅ワークの契約条件の文書明示や契約条件の適正化などについて必要な事項を示すことを目的としている。

在宅ワークの仕事を注文する者は，契約を締結する際には，在宅ワーカーと協議した上で契約の内容を決定するとともに，(1)契約条件の文書明示およびその保存，(2)契約条件の適正化（報酬の支払［期日，額］，納期，継続的な注文の打切りの場合における事前予告，契約条件変更，損害の負担など），在宅ワーカーの個人情報の保護，健康確保措置，能力開発の支援，担当者の明確化等について守ることが求められている。

(3) **自営的就労の契約の適正化**

　自営的就労者の取引は，市場での取引である以上，基本的には契約の自由の原則が適用される。労働法は，従属性という要保護性を根拠づける概念を生み出して，契約の自由を修正する法原理を確立してきた（⇒58頁）が，自営的就労者の働き方には，従属性が内在しているわけではないので，契約の自由の原則に立ち戻る必要があるのだ。つまり，労働基準法などのように労働条件の内容にダイレクトに介入する規制は適切ではない。

　とはいえ，契約の自由の原則も，絶対的なものではない。労働法が誕生する少し前にすでに誕生していた市民法の世界では，契約当事者は自由で対等な関係にあると想定されていたが，これは現実に自由で対等であるということを意味していたのではなく，むしろ理念として，身分的な関係から市民を解放して，経済的自由を与えるというところに意味があったのだ。契約の自由が，このような意味での理念である以上，違った理念があてはまる場合には，その修正を余儀なくされる。その代表例が，労働法における従属労働論だが，民法の世界でも，賃貸借契約が，借地法や借家法（現在では借地借家法）などにより修正された例がある。

　なかでも2000年に制定された消費者契約法は，「消費者と事業者との間の情報の質及び量並びに交渉力の格差にかんがみ……消費者の利益の擁護を図り，もって国民生活の安定向上と国民経済の健全な発展に寄与することを目的とする」法律（1条）であり，民法の契約の自由を正面から修正している点は重要だ（特定の契約類型における消費者の保護については，特定商取引に関する法律［特商法］がある）。つまり，契約当事者間の実質的な非対等性が契約の自由を修正する原理となることは，労働契約以外の契約論でも認められるものなのだ。

自営的就労者においても，企業と取引するうえで，情報や交渉力において大きな格差がある可能性がある。自営的就労者を「消費者」とみて消費者契約法が適用されるかは一つの解釈問題だが（⇒ 194 頁補論），立法論としては，自営的就労の契約は，民法上の雇用契約，請負契約，準委任契約などにまたがりうる特別な役務提供契約の一種とみて，契約の適正化のために，特別な立法で対処することが望ましいだろう（2016 年 12 月現在，継続審議となっている民法改正案でも，当初は，役務提供契約［雇用，請負，委任，寄託に該当しないもの］に関する特別な規定を設ける提案があった）。

その際には，消費者契約法を参考にして，次の二つのタイプの法的ルールを設けていくべきだろう。

第 1 に，消費者契約法 3 条（事業者の情報提供努力義務と消費者のその情報を活用して理解する努力義務）も参考にした契約締結過程における情報開示ルールだ。すなわち，自営的就労者と発注者との間の契約では，発注者側には契約内容の明確かつ平易性への配慮や契約内容についての必要な情報提供をすべきという法的ルール，および，自営的就労者側も，発注者から提供された情報を活用し，契約内容の理解に努めるべきとするルールだ。

第 2 に，契約内容に関する法的ルールだ。契約内容が自営的就労者に不当に不利である場合に，その契約を無効とするルールだ。強行規定や公序良俗（民法 90 条）に反する規定が無効となることは当然だが，それに加えて，消費者契約法 10 条（任意規定の適用された場合に比し，消費者の権利を制限したり，義務を加重する条項であって，信義則に反して消費者の利益を一方的に害するものは，無効とする，という規定）のような一般的規定を置いたうえで，一定の典型的な不当条項を具体的に例示して規律することも検討されてよいだろう。

また，自営的就労者を事業者とみたとしても，独占禁止法上の，

優越的地位の濫用の規制が適用される可能性もある（このほか，下請事業者の保護に関する，下請代金支払遅延等防止法も参照）。

用語解説　優越的地位の濫用

　独占禁止法は，優越的地位の濫用を，同法における事業者の不公正な取引方法の一つにあげ（2条9項5号），これを禁止している（19条）。たとえば「自己の取引上の地位が相手方に優越していることを利用して，正常な商慣習に照らして不当に」，「取引の相手方に不利益となるように取引の条件を設定し」た場合などがこれに該当し，具体的には，「取引上の地位が相手方に優越している事業者が，取引の相手方に対し，一方的に，著しく低い対価又は著しく高い対価での取引を要請する場合であって，当該取引の相手方が，今後の取引に与える影響等を懸念して当該要請を受け入れざるを得ない場合には，正常な商慣習に照らして不当に不利益を与えることとなり，優越的地位の濫用として問題となる」とする（公正取引委員会の「優越的地位の濫用に関する独占禁止法上の考え方」を参照）。

　また，公正取引委員会の「役務の委託取引における優越的地位の濫用に関する独占禁止法上の指針」によると，次のような場合も，不公正な取引方法に該当し，違法となる。

　①受託者が役務の委託取引を行うに際して新たに設備投資や人員の手配を行う必要があるなど，これによって当該役務の提供に必要な費用等も大幅に増加するため，受託者が対価の引上げを求めたにもかかわらず，かかる費用増を十分考慮することなく，著しく低い対価を定める場合，②受託者に対して短い納期の設定を行い，これによって当該役務の提供に必要な費用等も大幅に増加するため，受託者が対価の引上げを求めたにもかかわらず，かかる費用増を十分考慮することなく，著しく低い対価を定める場合，③多量ないし長期間の役務の委託取引をすることを前提として受託者に見積りをさせ，その見積りにおける対価を少量ないし短期間しか取引しない場合の対価として定めるとき，④特定の受託者に対し，合理的な理由がないにもかかわらず，他の受託者の対価と比べて差別的に低い対価を定める場合。

　「優越的地位の濫用」と判断された場合には，公正取引委員会により，当該行

為の差止め，契約条項の削除その他当該行為を排除するために必要な措置の命令（20条，排除措置命令）または課徴金納付命令（20条の6）が発せられる。

補論　自営的就労者の事業者性

　自営的就労者が，事業を営むにおいて，企業との間でさまざまな契約を結ぶことがある。それは本来の技能の取引という契約（本業の契約）もあるし，事業を営むうえで必要な機器の購入やリース，ネットでのサービスの利用などの契約もある。こうした契約において自営的就労者は，一消費者として，消費者契約法や特商法の適用対象となるかという問題がある。

　消費者契約法は，事業者と消費者との間で締結される契約に適用されるとし（2条3項），そこでいう消費者には，「事業として又は事業のために契約の当事者となる場合における」個人は除かれる（2条1項・2項）。つまり，個人であっても，事業者であれば，事業者間契約となり，消費者契約法の適用はないのだ。また，特商法でも，「売買契約又は役務提供契約で，……営業のために若しくは営業として締結するもの」は適用除外とされている（26条1項1号）。

　もっとも自営的就労者が，本業の契約をする以外の場合には，一般の消費者と本質的に異ならないとみる余地もあり，消費者契約法などの適用を否定することは適切ではなかろう。さらに本業の契約であっても，情報や交渉力の非対称性があれば，消費者契約法の趣旨に照らして，事業者ではなく，消費者に該当すると解釈する余地はあると思われる（なお，労働契約は，労働法の特別な保護があるという理由から，消費者契約法の適用除外となっている［48条］）。

⑷ **自営的就労者とキャリア権**

⑵でも述べたように,これからは,国家的な戦略として,第4次産業革命のもたらす産業構造の転換の波に乗ることができる人材を育成していくことが必要だ。その一方で,国民一人ひとりも,キャリア権の観点から,新しい産業社会に合致した技能を習得できるような環境整備をするよう政府に求める権利があると解すべきだ(⇒131頁)。繰り返し述べるように,今日の主流の働き方である従属的な雇用労働は今後縮小していき,自営的就労が拡充していくことが予想される。とくにクラウドソーシングのように競争とチャンスがグローバルに広がる時代の到来を見据えると(⇒175頁),国民が自営的な働き方のなかに適職をみつけ,その職業人生が充実したものとなるよう,政府が適切なサポート(そこには起業へのサポートも含まれよう)をして,国民のキャリア権にこたえる責務はいっそう重いものとなろう。

この観点からとくに重要なのは,職業人としての基礎的な能力の養成だ。日本人の多くが正社員を目指してきたのは,正社員になることによって,企業内で職業訓練を受け,その企業内でのキャリアとはいえ,職業人として成長することができるというメリットがあったからだ(⇒77頁)。

しかし,自営的就労の場合には,企業内での職業訓練は考えられないので(企業内で訓練を受けてから独立するというパターンはある),その他の場として,大学,職業専門学校,公的機関などによる職業訓練が必要となるし,より重要なのは,自主的に学習する能力(自学能力)だ。

自分にとっての適職は,最終的には,自分にしかわからない。これまでの正社員のように,企業に自らのキャリア形成をゆだね,企業によって適職を見つけてもらうという受け身の姿勢をもはやとる

ことはできない。つまり，個々人が主体的に適職を見つけていくしかないのだ。現行の職業能力開発促進法では，「労働者の自発的な職業能力の開発及び向上の促進」も基本理念に含めている（3条の2）が，そこには自営的就労者の自学能力は含まれていない。これからの職業能力開発政策は，労働者（2条1項）だけを対象とするのではなく，より広く国民全般を対象とし，自学能力の養成を中心的な軸とするように組み替えるべきだ。

　また，職業人としての基礎能力は，従来，企業において教育されてきたが，今後は国民が標準的に習得するべきものとして，義務教育のなかでも取り組んでいく必要がある。義務教育が修了した時点で，すでに自営的就労をするための基礎能力が備わっているようにしておく必要があるのだ。たとえば，自分で契約書を作成したり，契約の文言を理解したりする能力や，法律の知識をもってコンプライアンスでつまずかないようにする能力（リーガルリテラシー）がこれに含まれる。情報やコンピュータなどに関連する基礎的な能力（情報リテラシー）も，起業に必要なファイナンスの知識（ファイナンシャルリテラシー）なども，今後は基礎的な能力に含まれよう。これらは，義務教育や遅くとも高等学校では習得されるようにしておくべきだ。

　このことはリベラル・アーツ（liberal arts）の重要性を軽視するものではない。長い職業人生において，豊かな発想に基づき，充実した職業キャリアを実現するために必要な人間的素養は，世界や自国の歴史の理解，人類が発展させてきた思想や哲学（哲学を学ぶと，生物学，脳科学など人間という生き物に対する関心も深まるはずだ）などを学ぶことによっていっそう深いものとなる。リベラル・アーツは，「人を自由にするための技芸」であり，それは知的に自由に羽ばたくための基礎教養だ。これからの社会に求められる知的独創性は，こうした先人の知恵である教養を咀嚼したなかでこそ，生まれてくる

ものだろう。

　職業教育としてもう一つ重要なのは，職業人として求められる知識や技能がたえず変化し，かつ知的創造性が尊重される時代となることを見越して，継続的かつ主体的に学ぶという姿勢，独創的な発想を志向する姿勢をもつことの重要性を教えることだ。必要な能力は，他者から与えられるのではなく，自らつかみとらなければならない。これは前述の自学の重要性ともつながる。

　もっとも，個人が主体的に職業能力を高めていく姿勢が重要であるとしても，本書でもたびたびみてきたように，人工知能やロボティクスの発達のなかで，人間のやるべき仕事そのものは大きく変化していく。現在は，情報活用能力が重視されつつあるが，それであっても，10年，20年先には内容的に変わっている可能性もある。

　個人では予測がつかないような変化は，政府が的確に情報を集め，分析をして，国民に提供することが必要だ。こうした政府の任務は，自営的就労者へのサポートというより，国民一人ひとりが，自営的就労，従属労働に関係なく，どのような適職をみつけて職業人生を送るかを主体的に選択できるようにするためのものであり，それこそがキャリア権の中核にあるものなのだ。

補論　自営的就労とマッチング

　自営的就労においても，その市場を育成していくためには，マッチング機能を強化することが必要だ。実際，すでに仲介ビジネスは，クラウドワークなどを中心に展開されている。

　労働者の職業紹介であれば，職業安定法による規制があるが，自営的就労者の仲介事業については，法律の規制は及んでいない。事業への参入規制は適切ではないが，事業の適正な運営のために職業

紹介を行う事業者に対して課されている規制（個人情報の取扱いに関する義務，守秘義務，労働条件等の明示義務，募集内容の的確表示に係る努力義務，募集に応じた求職者からの報酬受領の禁止など）については，自営的就労の仲介ビジネスに関しても導入を検討することが必要だろう。

もっとも，今日では，マッチングそのものについてもIT化が進んでいる。たとえば事業者のHP上で求人情報や求職者情報を閲覧できるようにし，そのうえで求職者と求人者との間の双方向的な意思疎通を中継したり，求職条件に適合する求人情報や求人条件に適合する求職者情報を自動的に送信する仕組みを取り入れたりする，新たなタイプの仲介事業が登場している。

現行法上は，こうした情報提供行為が，たんなる情報提供の域を超えて，職業安定法4条1項の職業紹介（「求人及び求職の申込みを受け，求人者と求職者との間における雇用関係の成立をあつせんすること」）の定義に該当して，職業安定法上の規制対象となるかどうかが問題となっている。しかしより重要なのは，こうした仲介事業が，人工知能の活用が期待されている分野であり，機械化・自動化が大幅に進むことが予想されていることだ。

雇用労働者，自営的就労者にかぎらず，人工知能によるマッチングが進められていくようになると，仲介サービスをめぐる問題状況も大きく変化するだろう。規制の必要性は，この業界にかぎらず大量のデータを抱える業者一般に共通する問題（個人情報の保護，守秘義務など）として扱われていくことになろう。

―――――――――――――――――――――――――――――

(5) 自営的就労者のセーフティネット

自営的就労者にとってのセーフティネットの一つは，経済的弱者

に陥らないような技能を習得し、理想はその技能を活かした適職を見つけ、幸福な職業人生を送ることができるようなサポート体制があることだ。(4)でみたキャリア権は、そのためにも必要なものだった。一方で、これに加えて、個人の努力では支えきれないリスクに対するセーフティネットもまた必要だ。

たとえば病気・ケガ、高齢、失業などのリスクに対する保障が問題だ。これらも自己責任として本人にゆだねる政策も理論的にはありえないわけではない（社会保障のあり方は、各国で多様である）が、少なくとも日本では、雇用（従属）労働者にはとくに手厚い社会保障制度が存在しており、自営的就労者との間に格差があることの是非が検討される必要がある。

具体的には、病気やケガについては、雇用労働者にのみ労災保険があり、しかも保険料はすべて事業主負担であること、雇用労働者の健康保険と自営的就労者の国民健康保険との間では、前者では保険料は労使折半であることや、前者にある傷病手当金や出産手当金が後者にはないことといった格差がある。高齢についても、雇用労働者と自営的就労者との間には、後者は基礎年金（国民年金）だけであるのに対し、前者はさらに厚生年金（2階建て部分）があり、保険料は労使折半であるだけでなく、配偶者（第3号被保険者）に対する保険料免除もあるといった格差がある。さらに失業に対する保障（雇用保険）は雇用労働者に対してしか存在しない。これらの格差は、自営的就労を選択して働くことに対する阻害要因だ。雇用労働者に対する手厚い社会保障は、労働法上の保護とあわせて、国民を、過剰に従属労働に誘導していたのではないか、という問題意識も必要だ。

とくにテレワークのところでもみたように（⇒163頁）、人的従属性が希薄化し、従属労働か自営的就労かの線引きそのものがあいまいになっている今日、公平のためにも、労働者かどうかに関係なく、

国民一人ひとりが直面する重要な所得喪失リスクに対して包括的かつ総合的な所得保障を構想していくような大胆な制度設計（生活保護制度も視野に入る）も必要だ。

一方で、これからは、人間の労働が減少していくという時代（労働減少時代）が到来することも考慮しておくべきだ。つまり人工知能が発展し、人間の労働を代替していくと、人間が労働をとおして収入を得る機会が減り、生活のための手段が奪われていく。そうなると消費も減り、経済がうまく回らなくなることにもなろう。こうした事態を避けるためには、富が社会のなかでうまく再分配されることが必要だ。たとえば、国民に対して収入に関係なく一定の所得保障を行うというベーシック・インカム（Basic Income）は有力な政策として検討されることになろう（ベーシック・インカムが勤労意欲を下げるという批判は、労働減少時代にはあてはまらなくなるからだ）。

同時に、新しい産業で生み出される富は、その利用に成功した一部の者に過剰に集まるという問題への対処も必要だ。たとえば、プラットフォームの構築に先行した特定の企業（Amazon, Google など）とその経営者に多大な富が集まるという現象は、すでに現実に起きている（ストックオプションにより経営者が莫大な資産を得る例は少なくない）。新技術を活用した富が社会において公平に分配されない事態も、やはり経済的格差の問題として、政府は対処が必要だ。

このように労働減少時代においては、社会の安定を図るために、社会保障制度や税制を利用した富の再分配政策の重要性がいっそう高まるだろう（⇒ 210 頁）。

(6) 国民の連帯の基盤

自営的就労は、自律的な働き方だ。セーフティネットのあり方を考えるうえでも、基本的には個人が経済的に自立して弱者にならな

いようにする自助のためのサポートが中心であるべきだ。ただ，そうであるがゆえに，新たな連帯の基盤が必要ともいえる。これが共助だ。

たとえば，ネット社会が広がれば広がるほど，アナログ的なヒューマンタッチへのニーズが高まる。どんなにバーチャル・リアリティ（VR・仮想現実）の技術を使っても実現できない，オフラインでの連携の場として，自分の生活する家庭や地域（コミュニティ）がクローズアップされていくだろう。テレワークなどの自営的就労は，ワーク・ライフ・バランスを実現しやすい働き方だ。人々が時間，場所を好きなように選んで仕事（ワーク）をする社会が到来すると，自分の生活（ライフ）の場こそが，連帯の基盤となる。そこでの共助が，個人が活動（職業活動だけではない）をしていくうえでの支えとなろう。

これに加えて，同じような職業（事業）を営む者たちが，ネットワークを作って情報交換をするような形態も広がっていくだろう。これまでのように，正社員制度の下で，企業という組織に帰属する者が，企業別組合をつくり，特権的な保障を確保するという仕組みは崩壊しつつある。企業外における新たな帰属と連帯の基盤が必要となるのだ。その一つの可能性が，同業者が，その職業を中心に団結していくというものだ。

ただ，自営的就労者の団体が，独占禁止法上の事業者団体（2条2項）とみなされると，独占禁止法の規制を受ける可能性もある（8条）。この点が労働組合との違いだ。報酬についての談合を行うような行為は，労働組合には認められている（法的にも組合員による賃金引下げ禁止［値下げ禁止］は，労働協約の規範的効力として承認されている［労働組合法16条］）が，事業者団体であれば許されない。自営的就労者の事業者としての団体の性格は，理論的には難問だが，労働組合と

の近似性をふまえた検討が必要だろう。

　ただ，同業者の団体がかつてギルドと呼ばれ，労働法の誕生前夜，個人の職業活動に抑圧的に機能していたことは忘れてはならない。これからの自営的就労者の職業団体は，身分的な拘束関係を生み出すものであってはならない。また，労働組合が，集団優位の思想や組織の論理で，個々の組合員に抑圧的となりがちであること（組合から脱退したり，除名されたりした組合員は解雇することを企業に義務づけるユニオン・ショップ協定はその典型例である）も反省すべきだ。共助は，自律的な個人の主体的な連帯でなければならない。

> **コラム**　知的創造はリアルな会議から
>
> 　テレワークは，個人の仕事の効率化は実現するものの，他人との接触機会が減ることにより，知的刺激を受ける機会が減少し，知的創造性を損なうという議論もある。大部屋主義の効用も，こうした点から説明可能だ。テレワークは，あくまで生産性を高めるための一手段にすぎず，創造性を喚起する刺激策と組み合わせることによって，そのメリットをより活かすことができるだろう。
>
> 　徳島県の神山町は，テレワークの先進地域として有名だが，そこには多くの知的クリエイターが集まって仕事をしているという。異分野で最先端の仕事をしている人との協働は，きわめて知的創造性を生み出しやすい環境だ。今後の地域創生のモデルとされるべきだろう。

5　小括

　現在,就労者の9割以上は雇用労働者だ。雇用労働者には労働法の適用がある。だから,働くということには保護があるのが常識となっている。そうした観点からは,自営的就労は,どことなくいかがわしい働き方であり,だからこそクラウドワーク,Uberでの自営運転手などにも,厳しい視線がなげかけられている。自営的就労は,雇用ではないものの,企業が,直接雇用をしていない労働力を活用しているという点で,伝統的な労働法学が批判の対象としてきた間接雇用(とりわけ労働者派遣)との共通性があったのだ。

　とくに自営的就労という形式をとりながら,実態において人的従属関係(使用従属性)がある偽装自営業者には問題があった。たとえば契約形式だけ,雇用契約から業務委託契約に変更し,就労実態は従前どおりという働き方は,自営的就労の濫用だ。企業での働き方の中心が雇用であった時代に,企業があえて自営的就労を活用しようとするときには,こうした濫用の危険がないかをチェックすることが,従属労働論を基礎とする労働法学の使命でもあった。

　しかし,ICTの発達などにより自営的就労が技術的に可能となり,また人工知能などの発達により,自由な知的創造的な働き方が求められるようになると,労働法による保護と規制が必然的に随伴する雇用は,必ずしも生産性に直結しない働き方となるのだ。企業が,自営的就労を活用することには,十分な経済的合理性があるからだ。労働法学でも,自営的就労に対する見方を変えなければならない。

　もちろん,自営的就労は人的従属性がない働き方だから何も問題がない,ということではない。自営的就労は,人的従属性がなくても,経済的従属性があれば,そこに要保護性が認められる。経済的

従属性は,たんに本人の技能不足だからということではなく,ある特定の企業の事業遂行体制に継続的に編入されている場合に生じてくる。こうした準従属労働者の場合,法的な意味では組織内に取りこまれず,市場取引をしているとしても,経済的な実態からすると,組織内に取りこまれていると評価できるのだ。外国でも,経済的従属性があれば,労働者と類似の保護を一部拡張する例があることも参考になる。

しかし,問題はそこにとどまらない。たとえ経済的従属性がなくても,自営的就労が,その本来の自立性を活かした良好な就労機会となるためには,自助をサポートするための市場環境の整備やしかるべき公助としてのセーフティネットが必要なのだ。しかも,こうした働き方が,前述のように,これからの経済成長において重要性をもつとすれば,人材育成という観点からも政府が積極的に関与していくべきなのだ。キャリア権には,こうした意味内容も含まれている。

図表　自営的就労と法

自営的就労者の区分	従属性の有無	労働法の適用の有無
偽装自営的就労者（従属労働者）	人的従属性あり	労働法を適用
準従属労働者	人的従属性なし,経済的従属性あり	労働法の一部を適用（？）
真正自営的就労者	従属性なし	自助をサポート

第 8 章

労働法に未来はあるか？

1 新たな格差問題

　人工知能（AI），ロボティクス，3D プリンティング，さらには遺伝学研究，ナノテクノロジー，バイオテクノロジーなどもを駆使して進められる第 4 次産業革命は，人類がこれまで経験したことのないようなスピードと規模で，消費，生産など私たちの生活のあらゆる面において，これまでの制度や慣行を一変させるだろう。

　労働や雇用も例外ではない。人間の肉体活動や知的活動のかなりの部分が，人工知能やロボティクスなどの新技術に置き換えられる。仕事の内容も変わる。消えてゆく仕事もあるし，新たに生まれる仕事もある。さらに，人々の働き方も大きく変わる。とくに重要なのは，ICT（情報通信技術）を使ってどこででも働ける社会の到来だ。そうなると，これまでに構築されてきた諸制度（法制度も含む）は次々と不適合となっていくだろう。このような大きな環境変化は，人類の歴史において，これまでもなかったわけではなく，そのたびに新たな社会問題を生んできた。それは変化の波に適合できる者とできない者との間の格差という問題だ。

　働く者の間の格差は，いつの時代にもあった。誰が勝ち組になるか，負け組になるかの違いがあるだけだ。たとえば職人の優位性は，常に機械を駆使する者の登場により脅かされてきた。機械を駆使す

る者の優位性は，より優秀な機械を駆使する者の登場により脅かされてきた。この繰り返しを避けることは困難だ。

　勝ち組と負け組の入れ替わりが起こることは，社会の発展にとって悪いことではなかろう。再チャレンジの可能性のない社会は，閉塞感に覆われるだろう。しかし，それがあまりに急に起こると，社会に大きな混乱が生じる。この事態は，できれば避けたほうがよい。

　現在，人工知能によって奪われる可能性が高いのは，雇用社会のボリュームゾーンのホワイトカラーの仕事だ (新井 2015)。昨日までの雇用社会のエリートが，一気に社会的弱者に転落するかもしれないのだ。心配なのは，「そのとき」に備えた準備を，彼ら，彼女らが十分にできているかだ。

2　労働法の終焉？

　さて，このようななか，労働法はどうなっていくのだろうか。第1次産業革命は生産現場にまさに革命的な変化をもたらし，そこから生じた社会問題（従属労働のもたらす問題）を解決すべく誕生した労働法は，その後も，技術革新を続け進化する産業社会に次々と生起する従属労働に起因する問題にとりくみ，その解決を図るための理論的試みを続けながら，一つの確固たる法分野となった。今日の労働法は，その全貌をつかむのは容易ではないほどの巨大なものとなった (菅野 2016 のボリュームをみてほしい)。そこに，労働法の歴史の重みを感じざるを得ない。

　その一方で，現在，労働法の基盤は，大きく揺らぎつつあることもまた事実だ。労働法の規制の基盤は「事業場」だった。事業場とは事業を遂行する場であり，そこに労働者が集まり，上長の指揮の下で労務に従事する場だ。しかし，ICT の発達により，事業を行う

場は，徐々に現実から仮想に，また生産システムは集中から分散に変わりつつある。これにともない，労働者は時間や場所の自由を取り戻し，第1次産業革命当時の従属状況から解放されつつある。労働法の誕生時に存在していた生産構造は，今後一変し，かつての労働法が対処しようとした問題の多くは解決の道筋がついていきそうだ。むしろ労働者を弱者と決めつけ，自助の道を否定してパターナリスティックな規制でかんじがらめにしてきた既存の労働法の仕組みは，とくに労働時間規制や解雇規制に典型的にみられるように，企業や国民が新しい産業社会に適合していくことへの足かせとなっている。

労働法は，ひとまずその使命を終えつつあるのだ。

3　人材育成の重要性

それでは，労働法に未来はないのだろうか。そうではあるまい。労働法が，労働者だけでなく，広く働く人全般にまで視野を広げていくとき，労働法の未来は新たに広がっていく可能性がある。

技術革新は，それに対応できる技能を必要とする。働く人は，新たな技能に対応できなければ失業する。国民が必要とするのは，仕事をするうえで必要な技能を習得し，それを不断にアップデートする力だ。

これまでは，技能の習得の道筋は，（業種や職種により差があるとはいえ）企業で正社員として雇用されることだった。企業は，正社員にはクオリティの高い訓練を施し，それにともない正社員は技能を向上させていった。だからこそ，大多数の人は正社員をめざしたし，逆に正社員になれなかった者の職業訓練は重要な政策課題となった。

しかしこれからは多くの企業で，職業訓練はされなくなっていく。

人材を教育しようにも，企業内において時間をかけて教育していくことがコストに合わないからだ。それは技術革新のスピードが速いことにもよるし，国際競争が激化するなか，訓練中の半熟練社員を多数抱え込む余裕が企業のほうになくなるからでもある。こうした経営環境の下では，企業は，人材を内部に抱え込むのではなく，外部から優秀な人材をみつけたほうが効率的なのだ。つまり新しく必要となる技能は，組織内ではなく，市場から調達されていくのだ。このことは，働く側からいうと，その多くが，十分な教育訓練を受けないまま，プロの世界に放り込まれてサバイバルしていかなければならないことを意味する。これは多くの国民にとってたいへんな負担だろう。

だからこそ政府は，国民の人材育成に積極的にコミットしていかなければならないのだ。国の産業政策としても，第4次産業革命に対応できる人材の育成が重要な政策課題だ。そして，それは同時に，充実した職業人生を送ることを求める国民の権利（キャリア権）に応えるために，国が政策として優先的に取り組まなければならない事項なのだ。

政府がおそれなければならないのは，新技術の波に乗れない者と乗ることができた者との間の格差が固定化し，社会不安が生じることだ。格差の固定化は，社会秩序の不安定要因だ。この格差が前述のように，それまでのエリートと非エリートの逆転により生じたものであればなおさらだ。これを回避するために必要なのは，月並みであるがやはり教育だ。教育というと，後進国が先進国になるために据える目標のようにも思えるが，そうとは限らない。教育の軸の一つは職業教育であり，その内容は時代とともに変わり，先進国においても，つねに必要とされるものだ。将来を見据えた的確な職業教育と，その基礎となる教養教育こそが，国民を失業の危機や格差

の固定化から遠ざけ，生活の安定をもたらす。日本国憲法がまず25条で生存権を，つづく26条1項で教育権（教育を受ける権利）を，そして27条1項で勤労権を定めているのは偶然ではない。

　もちろん，人材育成だけで，働く人の間の格差を根絶できるわけではない。人材育成が成功するかどうかは，個人の努力にかかっている。個人が自助への意識を高めることが，これからの日本社会において，最も重要なことだ。ただその際も，個人の努力しだいで格差が解消されたり，逆転したりすることが現実的な可能性として常に存在していなければならない。政府がなすべきことは，セーフティネットをきちんと設けながらも，個人の自助努力を喚起することだ。

4　労働法の真の再生，そしてフェイドアウト？

　労働法は19世紀に誕生した比較的若い法分野であり，この200年近くの間に急成長を遂げた。労働法が主として行ってきたのは，産業社会の負の側面を追いかけることだったが，その過程で，いつしか産業界のニーズや経済的合理性が視野の外においやられ，従属労働者の保護の論理だけで自己完結させてしまう傾向がうまれてきた（⇒69頁）。

　しかし労働法は，もとはといえば，第1次産業革命後の産業界のニーズ（当時の資本家のニーズ）にこたえ，経済的合理性に支えられたものだったからこそ誕生することができ，また成長していくことができたのだ。しかも労働者の保護の論理を重視する発想の根底にあった，ブルジョワジーとプロレタリアートとの階級的断絶は，技術の発達によりすでになくなりつつある。物的資本がなくても，知性だけで誰でも経営者になれる時代がやってきた（⇒179頁以下）。

　このような時代では，労働法は，国民が知性を使って（それは自分

の知性を使うだけでなく，人工知能などをうまく活用して自分の知性を補完することも含まれる）適職をみつけ，職業人生を充実したものとし，幸福を追求できるようにすることを目的とする法分野に再構成すべきなのだ。そこでは，もはや労働者を支配する企業を規制するという発想は不要だ。政府が国民に向けて企業を媒介せずダイレクトに政策を進めていくことが必要なのだ。労働法は，従属労働論から離れることにより，対等な当事者間の契約を規律する民法（古典的契約論）に近づき，また政府が主体となって国民の生活上のニーズに応えるという意味では社会保障法にも近づくことになろう。

さらに人材育成や技能習得という点からは，教育政策とも密接に関係する。それは将来の産業のあり方とも関係するので，産業政策とも密接に関係する。労働法は，さまざまな政策が交錯するなかで存在するものとなる。

ただ，このようにして労働法が再生することができたとしても，その寿命はそれほど長くないかもしれない。人工知能とロボティクスの発達は，デジタライゼーションの進行とあいまって，人間の労働による生産よりも機械による生産の効率を高いものとし，人間の労働のもつ経済社会における重要性を低下させていくからだ。なお残るアナログ的な仕事（たとえば，宗教的な営み）は，人間としてはとても大切なものだが，もはや法（労働法）の対象とするには適さないかもしれない。

5 脱労働時代の生活保障

人間の労働が大幅に減少していく脱労働時代には，人間は労働による所得（雇用による賃金や自営による事業収入）を得ることができなくなる。労働法は，国民の所得の中心が労働であったときに，労

働所得を増やすことにより,労働者の生活を支えるという機能をもっていた（最低賃金,割増賃金,第2の労働法である正社員制度による年功型賃金など）。しかし脱労働時代には,こうした労働所得と密接に関係した制度を維持することはできない。労働法が自営的就労にウイングを広げても,そのことに変わりはない。

こうして,労働法がかつてはたしてきた労働者の生活保障という機能は,国民が労働所得をもたず,それゆえ労働所得を基礎とした社会保険料や所得税もないというなかで,構築されていかなければならない。

国民が,労働による所得に頼ることができなくなっても,だからといって,利子,配当,地代などの資本所得だけで生活できる人は一部に限られるだろう。むしろ,脱労働時代は,一部の才覚のある者が事業を経営し,ストックオプションで所得を半ば独占し,機械による生産で生じた富は,多くの国民には分配されないと想定するほうが,現実的ではなかろうか。

こうなると,重要なのは所得再分配政策だ。政府からの社会保障給付は,これまでの再分配政策の代表だが,脱労働時代では,労働所得をベースにした社会保険には期待できない。そうなると税金を財源とした生活保護などの福祉的給付となるが,最近では,支給要件を厳格に設定せず,国民に最低保証額を支給するベーシック・インカムに注目が集まっている。ベーシック・インカムは,現在の政策論としては,国民全体の最低所得を支えるだけの財源はあるのか,あるいは,労働へのインセンティブを抑制するのではないか,といった懸念があるが,少なくとも後者の懸念は,脱労働時代ではそもそも労働機会が減少している以上あてはまらない（⇒200頁）。

どのような再分配の手法をとるにせよ,政府にとって重要なのは,財源をどこにみつけるかだ。脱労働時代では,それは労働所得では

なく，資本所得に求めざるを得ないだろう。資本所得がもし一部の富裕層に集中しているならば，ピケティ（Piketty）が提唱するように個人の総資産に対して累進課税を課すという富裕税構想（ピケティ 2014［原書は 2013］）も考慮に値するのかもしれない。

どちらにせよ，労働法の出番はもはやなさそうだ。

エピローグ

　どんなに人工知能が発達しても，人間にしかできない仕事や人間がやったほうがよい仕事は残ると言われている。ほんとうに，そうだろうか。人間の脳が工学的に再生可能であるならば，いつか人間特有と思われていること（たとえば，心の作用）も，人工知能に置き換えられるかもしれない。これを荒唐無稽な話だという人工知能研究の専門家もいるが，もしそうなら，そのことを素人の私たちに対して十分に説明してもらいたいところだが，まだ説得的な説明には出会っていない。そうなると，政策は多少悲観主義的なシナリオを想定して進めたほうがよい（プロローグで述べたように，国民のほうは現実的な楽観主義がよい）。

　上司が人工知能になったらどうするか，という話もある。すでに人事評価に人工知能を取り入れる企業も現れている。人工知能のほうが，えこひいきもなく，公正な評価をしてくれるかもしれない。しかし，機械に低く評価されたとき，人間は納得できるだろうか（これを突き詰めれば，アンドロイド裁判官が死刑を宣告したとき，納得できるか，という問題にもなる）。おそらく納得しまい。少なくとも今は。ただそれだって，将来は変わる可能性がある。人事において何よりも重要な評価の公正性が，客観的なエビデンスに基づく機械により担保されるのならば，むしろ機械の評価のほうが納得がいくと人々が考え始める可能性もある。そこで鍵となるのは信頼性だ。

　電子計算機が登場したとき，その計算結果は信頼できないとして，そろばんで計算をしている人がいた。しかし，そうした人も徐々にいなくなった。電子計算機に間違いがないことが明らかになったからだ。機械は人間の信頼を勝ち得たのだ（もっとも，この日本でいま

だに電子メールを信用せずFAXしか利用しない人，Excelの計算結果を信用しないで，自分で再計算しているような人もいるのだが）。

いずれにせよ，人口知能が，私たちの働くシーンを激変させることは覚悟しておいたほうがよい。それは私たちが望む望まないに関係なくやってくることだ。むしろ，私たちが真に心配すべきことは，その先にある。人工知能やロボットが発達して，私たちが労働から解放されたら，どうなるのかだ。

ケインズ（Keynes）は，「孫の世代の経済的可能性」で次のように述べている（ケインズ 2010［初出は1930］）。

「結論として，大きな戦争がなく，人口の極端な増加がなければ，百年以内に経済的な問題が解決するか，少なくとも近く解決するとみられるようになるといえる。これは将来を見通すなら，経済的な問題が人類にとって永遠の問題ではないことを意味する」。

「将来ではなく過去をみていくなら，経済的な問題が，生存競争が，これまで常に人類にとって主な問題であり，とくに切迫した問題だった……。経済的な問題が解決されれば，人類が誕生以来の目的を奪われることになろう」。「これは良いことなのだろうか」（212頁以下）。

「思うに，余暇が十分にある豊かな時代がくると考えたとき，恐怖心を抱かない国や人はいないだろう。人はみな長年にわたって，懸命に努力するようしつけられてきたのであり，楽しむようには育てられていない。とくに才能があるわけではない平凡な人間にとって，暇な時間をどう使うのかは恐ろしい問題である」（214頁）。

だからこそ人間は，暇や退屈にどう立ち向かうかについて考えてきた（国分 2011）。ただ，ほんとうは，これはそれほど恐ろしい問題ではないのかもしれない。アーレント（Arendt）は『人間の条件』の中で，人間の活動的生活（vita activa）を，人間の生物学的欲求に応

える labor，一定の目的のために恒久的なもの（法制度も含まれる）を製造する work，真に自由な人間どうしのコミュニケーションである action（その中心が政治活動）に分類した（アレント 1994［原書は 1958］）が，人工知能搭載のロボットが labor も work も担うようになると，人間は action に専念できるようになるのかもしれない。まさに古代ギリシャの時代の市民のように生きることだってできるということだ。

とはいえ，私には，まったく別の予感もある。人間は今後 labor の生活に戻るのではないか，という予感だ。どんなに人工知能搭載のロボットが発達しても，人間にあってロボットにないものがある。それは種の保存という本能だ。親から，先祖から，そして人類の始祖から受け継いできた DNA を残したいという本能だ。

人工知能の発達は，人間をして，種を残すために必要な行為（摂食と生殖）に専念できるようにする。こうした行為はアーレント的に言えば labor だが，その動物的な行為こそが，人工知能搭載のロボットと比べると，妙に人間（動物？）らしく思えてならないのだ。

これが労働革命の行き着く先ならば，そんなに悪い話ではなかろう。

◆**参考文献**〔ゴシックは引用の際の略称〕

新井紀子『コンピュータが仕事を奪う』(日本経済新聞出版社,**2010**)

新井紀子『ロボットは東大に入れるか』(イースト・プレス,**2014**)

新井紀子「ロボットに代替されるホワイトカラー」NIRA総合研究開発機構『わたしの構想 No.14 人工知能と近未来』(**2015**)

荒木尚志『雇用システムと労働条件変更法理』(有斐閣,2001)

荒木尚志=菅野和夫=山川隆一『詳説 労働契約法〔第2版〕』(弘文堂,2014)

ハンナ・**アレント**(志水速雄訳)『人間の条件』(筑摩書房,**1994**)

クリス・**アンダーソン**(関美和訳)『MAKERS—21世紀の産業革命が始まる』(NHK出版社,**2012**)

池永肇恵「労働市場の二極化—ITの導入と業務内容の変化について」日本労働研究雑誌584号(**2009**)

石田眞『近代雇用契約法の形成』(日本評論社,1994)

伊藤博義「ME化による雇用形態の変化とその法理—情報処理産業における派遣労働をめぐって」日本労働法学会誌66号(1985)

今井亮一「労働移動支援政策の課題」日本労働研究雑誌641号(**2013**)

内田貴『契約の再生』(弘文堂,1990)

江口匡太「労働者性と不完備性—労働者が保護される必要性について」日本労働研究雑誌566号(**2007**)

大内伸哉「変更解約告知」日本労働法学会編集『講座21世紀の労働法 第3巻 労働条件の決定と変更』(有斐閣,2000)

大内伸哉『イタリアの労働と法—伝統と改革のハーモニー』(日本労働研究機構,**2003**)

大内伸哉「『名ばかり管理職』問題の問いかけるもの」Business Labor Trend 2008年8月号

大内伸哉『雇用社会の**25の疑問**—労働法再入門〔第2版〕』(弘文堂,2010)

大内伸哉「非正社員に対する法政策のあり方に関する一私論—契約の自由と公正」ジュリスト1414号(**2011**)

大内伸哉『解雇改革—日本型雇用の未来を考える』(中央経済社,**2013**)

大内伸哉編『有期労働契約の法理と政策—法と経済・比較法の知見をいかして』(弘文堂,**2014**)

大内伸哉『雇用改革の真実』(日本経済新聞出版社,2014)

大内伸哉『君の働き方に未来はあるか?―労働法の限界と,これからの雇用社会』(光文社,**2014a**)

大内伸哉「労働法は,『成長戦略』にどのように向き合うべきか」季刊労働法247号(**2014b**)

大内伸哉『労働時間制度改革―ホワイトカラー・エグゼンプションはなぜ必要か』(中央経済社,2015)

大内伸哉「ITからの挑戦―技術革新に労働法はどう立ち向かうべきか」日本労働研究雑誌663号(**2015a**)

大内伸哉『勤勉は美徳か?―幸福に働き,生きるヒント』(光文社,2016)

大内伸哉『**最新**重要判例200労働法〔第4版〕』(弘文堂,2016)

大内伸哉「労働法のニューフロンティア?―高度ICT社会における自営的就労と労働法」季刊労働法255号(**2016a**)

大竹文雄=大内伸哉=山川隆一編『解雇法制を考える―法学と経済学の視点〔増補版〕』(勁草書房,2004)

小川進『ユーザーイノベーション―消費者から始まるものづくりの未来』(東洋経済新報社,2013)

梶川敦子「賃金の弾力的調整をめぐる法的問題」日本労働研究雑誌611号(2011)

レイ・**カーツワイル**『シンギュラリティは近い―人類が生命を超越するとき』(NHK出版,2016)

J. M. **ケインズ**(山岡洋一訳)『ケインズ説得論集』(日本経済新聞出版社,2010)

小泉和子編『女中がいた昭和』(河出書房新社,2012)

國分功一郎『暇と退屈の倫理学』(朝日出版社,2011)

小西康之「これからの雇用政策の理念と長期失業への対応」日本労働研究雑誌651号(2014)

逆瀬川潔「職業訓練の変遷と課題」帝京経済学研究37巻1=2号(2003)

嶋﨑尚子「石炭産業の収束過程における離職者支援」日本労働研究雑誌641号(2013)

島田陽一「労働移動と雇用政策」日本労働研究雑誌641号(2013)

菅野和夫=諏訪康雄「労働市場の変化と労働法の課題―新たなサポート・システムを求めて」日本労働研究雑誌418号(1994)

菅野和夫=仁田道夫=佐藤岩夫=水町勇一郎『労働審判制度の利用者調査―実証分析と提言』(有斐閣, 2013)

菅野和夫『労働法〔第 11 版〕』(弘文堂, 2016)

諏訪康雄「キャリア権の構想をめぐる一試論」日本労働研究雑誌 468 号(1999)

諏訪康雄「職業能力開発をめぐる法的課題―『職業生活』をどう位置づけるか?」日本労働研究雑誌 618 号(2012)

T・H・**ダベンポート**=J・カービー(山田美明訳)『AI 時代の勝者と敗者』(日経 BP 社, 2016)

團泰雄「日本企業の新規事業進出と準企業内労働市場」日本労働研究雑誌 641 号(2013)

鶴光太郎『人材覚醒経済』(日本経済新聞出版社, 2016)

富田義典「ME 化―『ME 革命』・『IT 革命』とは労働にとって何であったか」日本労働研究雑誌 609 号(2011)

中田裕康『継続的取引の研究』(有斐閣, 2001)

長沼博之『ワーク・デザイン―これからの〈働き方の設計図〉』(阪急コミュニケーションズ, 2013)

西谷敏「労働法学」日本労働研究雑誌 621 号(2012)

NIRA 総研「NIRA オピニオンペーパー No.25 AI 時代の人間の強み・経営のあり方」(柳川範之, 新井紀子, 大内伸哉)(2016)

野川忍「労働法制から見た雇用保障政策―活力ある労働力移動の在り方」日本労働研究雑誌 647 号(2014)

橋本陽子「ハルツ改革後のドイツの雇用政策」日本労働研究雑誌 647 号(2014)

濱口桂一郎『労働法政策』(ミネルヴァ書房, 2004)

濱口桂一郎『新しい労働社会―雇用システムの再構築へ』(岩波新書, 2009)

早川智津子「外国人労働をめぐる法政策の展開と今後の課題」日本労働研究雑誌 662 号(2015)

比嘉邦彦=井川甲作『クラウドソーシングの衝撃―雇用流動化時代の働き方・雇い方革命』(インプレスジャパン, 2014)

トマ・**ピケティ**(山形浩生ほか訳)『21 世紀の資本』(みすず書房・2014)

エレーヌ・**フォックス**(森内薫訳)『脳科学は人格を変えられるか?』(文藝春秋, 2014)

マーティン・**フォード**（松本剛史訳）『ロボットの脅威―人の仕事がなくなる日』（日本経済新聞出版社，2015）

エリック・**ブリニョルフソン**=アンドリュー・**マカフィー**（村井章子訳）『機械との競争』（日経BP社，2013）

エリック・ブリニョルフソン=アンドリュー・マカフィー（村井章子訳）『ザ・セカンド・マシン・エイジ』（日経BP社，2015）

本庄淳志『労働市場における労働派遣法の現代的役割』（弘文堂，2016）

松尾豊『人工知能は人間を超えるか―ディープラーニングの先にあるもの』（角川選書，2015）

松尾豊「AIの技術革新の進展による社会への影響について」厚生労働省「働き方の未来2035」（2016年1月）でのプレゼン資料

守島基博=**大内伸哉**『人事と法の対話―新たな融合を目指して』（有斐閣，2013）

本山美彦『人工知能と21世紀の資本主義―サイバー空間と新自由主義』（明石書店，2015）

八代尚宏『日本的雇用慣行を打ち破れ―働き方改革の進め方』（日本経済新聞出版社，2015）

柳川範之「ITの進展，投資にも変化」日本経済新聞2016年7月12日エコノミクストレンド（**2016**）

八幡成美「『技術革新と労働』に関する実証研究のレビュー」日本労働研究雑誌467号（1999）

山田久「個人業務請負の実態と将来的可能性―日米比較の観点から『インディペンデント・コントラクター』を中心に」日本労働研究雑誌566号（2007）

山田久『失業なき雇用流動化―成長への新たな労働市場改革』（慶應義塾大学出版会，2016）

労働政策研究・研修機構『労働政策研究報告書No.69 ドイツにおける労働市場改革―その評価と展望』（2006）

労働政策研究・研修機構『JIPT資料シリーズNo.145 多様な正社員に関する解雇判例の分析』（**2014**）

事 項 索 引

●A-Z

AI ⇒ 人工知能
AlphaGo 3,37,40,41
Amazon 176,200
AR（拡張現実） 169
BCP（事業継続計画） 161
Google（現 Alphabet） 176,200
Google の猫 40
ICT（情報通信技術） 32,47,51,134,159,
166,172,188,203,205,206
IoT（Internet of Things） 4,32,34
IT（情報通信技術） 1,2,3,9,10,
17,73,159
IT 革命 16,20
locatio conductio 57
locatio operarum 57
louage d'ouvrage 57
ME（マイクロ・エレクトロニクス）革命 14
Off-JT 129
OJT 129
Pepper 1
Uber 35,179,181,203
VR（仮想現実） 161,201
VR 会議 161
Watson 2
WEB 勤怠管理 162,166

●あ

アウトソーシング 25,119,172
アダプタビリティ（適応力） 22,133
アダプティブ・ラーニング 35
アメリカ 79,122,155
アーレント（Arendt） 214
安全配慮義務 168
アンドロイド 213

●い

イギリス 52
囲碁 38
囲碁ソフト 38,41
医師の面接指導 156,167
イタリア 124,187
移動の自由 57
イノベーション 32,169,180
入口規制（有期労働契約） 95
インターネット 4,34,144
インディペンデント・コントラクター 185

●う

ウエアラブル端末 3

●え

エンゲルス（Engels） 53
エンプロイアビリティ 134,141

●お

オーウェン（Owen） 53
オートメーション 15
オンデマンド経済 179

●か

階級的断絶 209
解雇 6,13,46,77,89,94,121,141
　——の金銭解決 122,142
解雇回避努力 114,116
解雇規制 96,142
外国人 30
解雇権濫用法理 65,79,85,86,114
解雇自由の原則 122
解雇制限 65
会社都合退職 112

会社分割　120
ガイドライン方式　128
格差是正　84, 99, 107
格差是正論　71
格差問題　123
確定拠出型企業年金　112
家内労働法　177, 178, 190
間接雇用　137, 203
管理監督者　152, 158

●き
機械学習　2, 37, 42
　教師つき——　38, 41
　教師なし——　38
機械翻訳　44, 175
起業　185
企業特殊熟練　82
企業別組合　13, 60, 92, 105
技術革新　5, 8, 22, 33, 60, 133, 142, 206
偽装自営業者　176, 203
キャリア権　74, 131, 143, 195, 199, 204
キャリアの複線化　184
教育訓練　22, 114, 172, 174
　企業内での——　18, 22
教育権　209
強化学習　39
競業避止義務　183
強行法規　147, 148
業務委託契約　69, 203
ギルド　54, 55, 202
均等待遇規定　101
勤務間インターバル　146, 158
勤労権　74, 209

●く
クラウド　1, 159, 161
クラウドソーシング　19, 26, 175, 186, 195
クラウドワーク　172, 175, 185, 197, 203
グローバル化　31, 50, 106, 118, 141, 142

●け
経済活動の自由　74
経済的合理性　203, 209
経済的従属性　53, 59, 65, 186, 203
契約の自由　55, 56, 72, 191
ケインズ（Keynes）　214
健康保険　199
原職復帰　125
限定正社員　97, 98
憲法（日本国憲法）　74
　——27条1項　74
　——27条2項　74
　——28条　61, 74

●こ
降格　91
公共材　177
公共職業安定所　136
公共の福祉　74
工場法（イギリス）　52
工場法（日本）　60
更新拒絶（有期労働契約）　96
厚生年金　199
合同労組　93
　地域——　93
高度外国人材　155
高度経済成長　93
高度プロフェッショナル制度　146, 158
高齢者雇用安定法　29
幸福追求権　74
公平性　123
公務員　61
　——の争議行為の禁止　61
公務員法　61
高齢者　29, 31, 79
国民健康保険　199
国民国家　56
国民年金　199
個人の尊厳　74
個別的労働関係　60

個別的労働関係法　60,63
コミュニティ・ユニオン　93
雇用（雇傭）　57
雇用政策　30,60,67
　　雇用維持型政策　109,141,142
　　雇用流動型政策　110,111,118,
　　　　　　　　　　123,141,142
雇用調整助成金　110
雇用保険　109,112,134,184,199
雇用労働者　188
コールセンター　25

●さ
在宅ワーク　190
最低基準効　148
最低賃金　102,168,211
最低賃金法　101
再配置（人材の再配置）　22,77
　　企業間の――　18,22,46,111,129
　　企業内での――　15,22,46,77,106,118
　　産業間の――　18,22,46,111,129
再分配政策　200
採用内定　86
採用内定取消　86
裁量労働制　150,158
　　企画業務型――　150
　　専門業務型――　150,157
サービス産業　169
三六協定　145,146
産業革命　8
　　第1次――　8,18,22,33,52,59,
　　　　　　　60,169,187,207
　　第4次――　32,35,64,73,110,143,144,
　　　　　　　163,178,188,205,208
3K労働　23

●し
シェアリング・エコノミー　181
自営　26
自営の就労者　59,185,211

自学能力　195
時間外労働　146
事業者間ネットワーク　186
事業場　186,206
事業場外労働　164,166
事業譲渡　120
事業組織の再編　120
自己決定権　74
自己都合退職　112
仕事の再編成　171
仕事のモジュール化　117
自助　56,204,209
市場取引　174
辞職　78
　　――の自由　47,78
下請事業者　193
失業　77
実質的平等　56,72
自動退職　86
資本家　53
資本主義　54,55
資本所得　211
市民革命　54
市民法　56,58
社会主義　55
社会保険料　211
社会保障　199,211
社会保障法　210
従業員代表　93
就業規則　90,116,168
　　――の不利益変更　91
私有財産の保護　54,56
従属労働　206
従属労働論　58,60,72
集団的労使関係　60
集団的労使関係法　60,63
主従法（Law of Master and Servant）　53
出向　119
準従属労働者　187,204
春闘　94

障害者　30
障害者雇用促進法　30
将棋　38,39
将棋ソフト　36,40
試用期間　86
少子高齢化　28,50
使用従属性　203
消費者契約法　191
傷病休職　86
情報化　34
情報開示ルール　192
情報リテラシー　196
賞与　92
職業教育　18,208
職業訓練　47,129,195
職業紹介　136
職能給　12,22
職能資格制度　12
職能団体　55
職務型の働き方　118,129,140,142,162
職務記述書
　⇒ ジョブ・ディスクリプション
職務給　5,104
職務遂行能力　12,81
職務等級制　91
職務無限定契約　25
女性活躍推進法　30
所得再分配政策　211
所得税　211
所得保障　113,127
ジョブ・カード(職務経歴等記載書)　130
ジョブ・ディスクリプション(職務記述書)　5,117
シンギュラリティ　3
人工知能（AI）　1,2,9,10,18,36,50,73,134,141,144,169,171,177,188,205,210
人材育成　204,207
人材教育　47
人材の再教育　50
新産業構造ビジョン　32,34

人事権　22,84
深層学習 ⇒ ディープ・ラーニング
ジンツハイマー（Sinzheimer）　58
人的従属性　52,59,65,186,203
人道主義　53,72

●す
ストックオプション　200,211
ストライキ　55
ストレスチェック　157
スマートフォン（スマホ）　3,34,179
3Dプリンティング　180,205

●せ
成果型賃金　155
成果主義　92
生活保護　102
　――と最低賃金の逆転現象　102
生活保障　211
正社員　12,26,43,72,73,76,109,141
製造業務派遣　138
生存権　74,209
整理解雇　115
　――の4要素　115
積極的労働市場政策　141
セーフティネット　46,112,129,134,198,209
センサー　34
専門業務派遣　139

●た
退職金　82,105,112
退職所得控除　82,112
脱労働時代　210
団結権　74
団体交渉　55,70
団体交渉権　74
団体行動権　61,74

事項索引　223

●ち
チェス 38
知識労働者 47
知的創造性 197,202
知的創造的な働き方 51,144,148,154,171,203
懲戒解雇 82
長期雇用慣行 67,86,106,123,131
長期雇用保障 82,85,105,106
長時間労働の是正 145
直用（直接雇用） 26,137
直律的効力 148
賃金引下げ 90

●て
定年 79
ディープ・ラーニング（深層学習） 2,40,41,43,50
デジタライゼーション 4,34,210
デジタル情報 34
テレワーク 159,170,172,175,202
　雇用型—— 159,163
　在宅型—— 159
　サテライト型—— 159,165
　自営型—— 159
　非雇用型—— 159,163
　モバイル型—— 159
転職力 134
転籍 119

●と
ドイツ 89,124,140,187
同一労働同一賃金 104
独占禁止法 192,201
特徴量 40,43
取引コスト 174
奴隷 56,57
ドローン 35,179

●な
ナポレオン法典 44,57

●に
日産自動車村山工場事件 87
ニッポン一億総活躍プラン 29
日本型雇用システム 5,22,85,106,107,174
ニューラル・ネットワーク 41
任意法規 148

●ね
年功型賃金 12,79,81,82,91,105,106,112,211
年次有給休暇 156
年齢差別 79

●の
農奴 57
ノマドワーカー 178

●は
配転 13,25,119,143
配転権 89
配転法理 87
派遣労働者 95
パターナリズム 53,72,189,207
バーチャル・リアリティ 201
バッファーストック 95,98,123
パートタイム労働者 95,97,101
パラレルキャリア 181,184
ハルツ改革 140

●ひ
非正社員 72,73,85,94
ビッグデータ 2,27,33,34,37,144,169
評価関数 39,41

●ふ
ファイナンシャルリテラシー 196

副業　183
　　雇用型——　184
　　自営型——　184
複業　184
富裕税　212
プラットフォーマー　176
プラットフォーム　200
フランス民法典　57
フリーランス　178
ブルジョワジー　54, 72, 185, 209
フルタイム労働者　97, 100
フレックスタイム　149
プロレタリアート　185, 209

●へ
ベーシック・インカム　200, 211
ペッパー ⇒ Pepper
ペティ・クラークの法則　169
変形労働時間制　149
変更解約告知　89, 142

●ほ
法人格否認の法理　70, 122
ポケモンGO　169
ホワイトカラー　17, 23, 206
ホワイトカラー・エグゼンプション　155, 170
本採用拒否　86

●ま
マッチング　197
マルクス（Marx）　53, 185
マルクス主義　55

●み
三井三池争議　93
身分から契約へ　54
民法　210

●む
ムーア（Moore）の法則　2
無期転換（有期労働契約）　96
無期転換権（有期労働契約）　96

●も
黙示の労働契約　70
モニタリング　162, 175
モラルハザード　112
モンテカルロ法　39

●や
雇止め（有期労働契約）　96
雇止め制限法理（有期労働契約）　96

●ゆ
優越的地位の濫用　193
有期雇用労働者　95
ユニオン・ショップ協定　66, 93

●ら
ラッダイト（Luddite）運動　8, 131

●り
リーガルリテラシー　196
リベラル・アーツ　196
リモートワーク　159

●る
ル・シャプリエ法　55

●ろ
労災保険　168, 184, 199
労使協議　13, 105
労使協調　93
労働移動支援助成金　110
労働基準監督署　146
労働協約の規範的効力　201
労働組合　13, 55, 69, 201
労働契約法20条　103

労働契約法理　68,73,85
労働時間管理　166
労働時間管理責任　184
労働時間規制の弾力化　149
労働時間制度改革　154
労働時間の通算　184
労働時間みなし制　150,164
労働市場　60
　——の流動化　50
　外部——　109
　準内部——　118
　内部——　109
労働市場サービス　136
労働市場政策　109
労働市場法　60,63
労働者　59,69,178
　——の従属性　56
　労働組合法上の——　187
労働者供給の禁止　137
労働者派遣（派遣）　25,26,137,138,203
労働者類似の者　187

労働所得　210
労働審判　125
労働紛争処理法　60
労働法学　63,203
労働力人口の減少　28,31,50
ロボット　3,23,31,33
　家事——　14
　感情型——　1
　ヒト型——　1
ロボティクス（ロボット技術）　50,141, 171,205,210

●わ
若者　30,50
若者雇用促進法　30
ワーキング・プア　100
ワーク・ライフ・バランス　146,159,170, 182,201
ワトソン ⇒ Watson
割増賃金　145,146,167,211

大内伸哉（おおうち　しんや）
1963年　生まれ
1995年　東京大学大学院法学政治学研究科博士課程修了（法学博士）
現　在　神戸大学大学院法学研究科教授
著　書　『労働条件変更法理の再構成』（有斐閣・1999）
　　　　『労働法実務講義』（日本法令・2002，第3版・2015）
　　　　『イタリアの労働と法』（日本労働研究機構・2003）
　　　　『雇用社会の25の疑問』（弘文堂・2007，第2版・2010）
　　　　『最新重要判例200労働法』（弘文堂・2009，第4版・2016）
　　　　『法と経済で読みとく雇用の世界』（共著，有斐閣・2012，新版・2014）
　　　　『解雇改革』（中央経済社・2013）
　　　　『有期労働契約の法理と政策』（編著，弘文堂・2014）
　　　　『雇用改革の真実』（日本経済新聞出版社・2014）
　　　　『君の働き方に未来はあるか？』（光文社・2014）
　　　　『労働時間制度改革』（中央経済社・2015）
　　　　『勤勉は美徳か？』（光文社・2016）　等

AI時代の働き方と法──2035年の労働法を考える

2017（平成29）年1月30日　初版1刷発行

著　者　大内伸哉
発行者　鯉渕友南
発行所　株式会社 弘文堂　　101-0062　東京都千代田区神田駿河台1の7
　　　　　　　　　　　　　　TEL 03(3294)4801　　振替 00120-6-53909
　　　　　　　　　　　　　　http://www.koubundou.co.jp

装　丁　宇佐美純子
印　刷　三報社印刷
製　本　井上製本所

Ⓒ 2017 Shinya Ouchi. Printed in Japan

[JCOPY]《(社)出版者著作権管理機構　委託出版物》

本書の無断複写は著作権法上での例外を除き禁じられています。複写される場合は、そのつど事前に、(社)出版者著作権管理機構（電話 03-3513-6969、FAX 03-3513-6979、e-mail:info@jcopy.or.jp）の許諾を得てください。
また、本書を代行業者等の第三者に依頼してスキャンやデジタル化することは、たとえ個人や家庭内での利用であっても一切認められておりません。

ISBN978-4-335-35687-2